Números de

Angeles

y
Numerología Divina

DESCUBRIENDO EL
SIGNIFICADO Y LOS MENSAJES
DIVINOS DEL UNIVERSO

SARAH RIPLEY

Números Angelicales y Numerología Divina

Otros títulos de
Sara Ripley:

369 MANIFESTANDO TUS SUEÑOS: Un diario de manifestación para crear la vida que deseas

The Shadow Work Journal: A Guide for Exploring your Hidden Self

101 Questions to ask Before you say "I Do"

The Lucky Girl Journal: A Guided Workbook for Manifesting your Dreams

Questions For Couples: 365 Questions to guide you to Stronger Communication, Trust and Intimacy

365 Daily AffirmationsFor Women: A Year fo Daily Affirmations to bring Peace, Joy and Happiness to your Life.

The Self-Love Workbook for Women: 90 Days to a More Loving and Accepting Relationship with Yourself

El poder del Método 369: desbloquea el código cósmico y crea la vida que deseas utilizando la ley de la atracción

Sumérgete más profundamente en el mundo de Números Angelicales y Numerología Divina con contenido adicional exclusivo.

¡Escanea el código QR para recibir GRATIS tus 5 páginas del diario de Números de Angeles!

Tabla de contenido

Introducción... 6
Número de ángel 0.............................. 15
Número de ángel 1.............................. 19
Número de ángel 2.............................. 23
Número de ángel 3.............................. 27
Número de ángel 4.............................. 31
Número de ángel 5.............................. 35
Número de ángel 6.............................. 39
Número de ángel 7.............................. 43
Número de ángel 8.............................. 47
Número de ángel 9.............................. 51
Números de ángeles 0-999.................. 55

Introducción

Imagine un mundo lleno de incertidumbre, donde cada paso parece un paso en falso. Es en estos momentos que muchos buscan una mano que los guíe, un susurro de tranquilidad del universo. Y ahí es donde intervienen los números de los ángeles: esas misteriosas secuencias repetitivas que parecen guiñarte desde relojes, recibos y matrículas.

Estos no son sólo números, son ecos del universo, suaves empujones de los ángeles o del cosmos mismo. Son como pequeños faros en la tormenta, que te recuerdan que no estás perdido en la oscuridad, que hay un plan más grande desarrollándose incluso cuando no puedes verlo. Son un código secreto, solo para ti, que susurra palabras de aliento, como "Estás en el camino correcto" o "Sigue adelante, ya lo tienes".

¿Por qué estos mensajes celestiales resuenan tan profundamente? Tal vez sea como encontrar un trébol de cuatro hojas: una pequeña chispa de magia en lo común. Tal vez sea como recibir una carta escrita a mano de un ser querido: un recordatorio de que lo cuidan, incluso en la distancia. Sea lo que sea, los números de los ángeles tocan nuestros corazones y conmueven nuestras almas, recordándonos que no estamos solos en esta gran aventura llamada vida.

Entonces, ¿cómo desciframos estos susurros cósmicos? Algunas personas recurren a la numerología, un arte antiguo que considera que los números vibran con su propia energía única. Cuando estos números bailan juntos en secuencias repetidas, cuentan una historia, un mensaje personal que te guía hacia el crecimiento y el descubrimiento. Otros encuentran significado en las conexiones personales que forjan con estos números, como un billete de lotería de la suerte o una fecha especial de cumpleaños. Es como si estas secuencias se convirtieran en códigos secretos, susurros solo para ellos, lo que hace que el mensaje sea aún más poderoso.

Pero recuerde, estos números de ángeles no son hechizos mágicos ni galletas de la fortuna. Son suaves empujones para recordarte tu fuerza interior, despertar tu intuición y susurrar palabras de aliento.

En última instancia, la belleza de los números de ángeles radica en su capacidad de encender nuestro asombro y conectarnos con algo más grande que nosotros mismos. Son un recordatorio de que incluso en el caos, hay un hilo mágico entretejido en el tejido de la existencia. Entonces, la próxima vez que veas un número repetido, tómate un momento. Escuchar. Deja que te guíe por tu propio y único camino.

¿Qué son los números de ángeles?

¿Alguna vez sentiste que el universo te estaba enviando mensajes secretos? ¿Como si hubiera un código oculto entretejido en lo cotidiano: en las esferas de los relojes, en las etiquetas de los automóviles, tal vez incluso en el recibo del café con leche de la mañana? ¿Esas pequeñas secuencias furtivas, esos números repetidos que susurran en el rabillo de tu visión? Bueno, amigo mío, ¡quizás estés accediendo al mundo de los números angelicales!

Piensa en ellos como guiños celestiales, empujones divinos de tus ángeles o guías espirituales. Son una forma para que estos guardianes invisibles se acerquen y ofrezcan una palabra de aliento, un suave empujón en la dirección correcta o tal vez incluso una palmadita cósmica en la espalda. Estos números pueden aparecer en cualquier lugar: un reloj atascado en las 11:11, un sueño lleno de 444 o tal vez esa matrícula que parpadea 777 cuando pasas.

Entonces, ¿por qué de repente ves estas rarezas numéricas? Podría ser una señal de que tus ángeles están tratando de llamar tu atención, susurrándote sabiduría solo para ti. Tal vez estés enfrentando una gran decisión y te estén enviando un pequeño empujón de "confía en tu instinto". O tal vez te sientes perdido y te recuerdan que estás en el camino correcto, aunque no siempre lo parezca.

La clave es prestar atención. Cuando vea esos números repetidos, tómese un momento para sintonizar sus pensamientos y sentimientos. ¿En qué estabas pensando en ese momento? ¿Qué está pasando en tu vida ahora mismo? Estas pistas pueden ayudarte a desbloquear el mensaje secreto que envían tus ángeles. ¡Piensa en ello como descifrar un código celestial!

Entonces, la próxima vez que vea una cadena de números sospechosa, no la ignore. Podrían ser tus ángeles o guías espirituales enviándote un mensaje especial, una pequeña carta de amor celestial solo para ti. Y quién sabe, tal vez con un poco de mentalidad abierta y un poco de atención, puedas descifrar el código y descubrir la guía secreta que se esconde a plena vista. Recuerde, el universo susurra, pero a veces esos susurros vienen disfrazados de números. ¡Solo hay que saber dónde escuchar!

¿Por qué se nos aparecen los números de los ángeles?

La vida puede ser un viaje salvaje, a veces emocionante, a veces aterrador y, a menudo, dejándonos con la sensación de que estamos navegando por un laberinto ciego. Es en estos momentos de incertidumbre cuando los susurros del universo, disfrazados de números de ángeles, llegan flotando a nuestras vidas. Estas secuencias repetidas, como las 11:11 en tu reloj o el 444 en tu recibo, no son solo coincidencias, son empujones celestiales, suaves garantías de tus ángeles o guías espirituales.

Piense en ellos como código Morse cósmico, mensajes de apoyo y aliento transmitidos solo para usted. Cuando se enfrenta a una decisión difícil, estos números pueden aparecer como un reconfortante 777, que le recuerda que debe confiar en su instinto y avanzar con valentía hacia lo desconocido. ¿Te sientes perdido y a la deriva? Una serie de 333 podría ser una palmadita divina en la espalda, susurrando: "Estás exactamente donde necesitas estar, continúa". Son animadores celestiales que te recuerdan que, incluso en los momentos más oscuros, nunca estás solo.

Pero los números de ángeles no son sólo rayos de sol y arcoíris. También pueden actuar como llamadas de atención cósmicas, una serie de 222 que pasan como una advertencia para reducir la velocidad y prestar atención, o 000 que te instan a liberar el pasado y abrazar nuevos comienzos. Son guías amables que te ayudan a recorrer los giros y vueltas de tu camino, a veces con un abrazo tranquilizador, a veces con un empujón firme pero necesario.

La clave es sintonizarnos. Cuando esos números te llamen la atención, tómate un momento para calmar tu mente y escuchar tu intuición. ¿En qué estabas pensando en ese momento? ¿Qué está pasando en tu vida? Las respuestas se encuentran escondidas en las emociones que evocan estos números. Piensa en ello como descifrar un idioma secreto, sólo que el diccionario es tu propio corazón.

Cómo utilizar los números de ángeles en tu vida:

El mundo está plagado de mensajes ocultos, susurros entretejidos en el tejido de nuestra vida diaria. Y a veces, esos susurros vienen en forma de números repetidos: números de ángeles, como algunos los llaman. Estos pueden ser patrones repetidos, como revisar su teléfono a las 4:34 y luego ver $4,34 en el recibo de su café. O puede ser repetir números o secuencias como las 11:11 en el reloj o el 1234 en una matrícula. Estas no son sólo coincidencias aleatorias. Son empujones celestiales, pequeños mensajes de tus ángeles o guías espirituales, destinados a guiarte, inspirarte y tal vez incluso darte un choque cósmico.

Pero, ¿cómo convertir estos susurros numéricos en epifanías personales? Aquí está tu guía para desbloquear la magia de los números de ángeles en tu vida:

Paso uno: Sintonízate. Mantén los ojos bien abiertos para ver esas secuencias repetidas. Podrían estar escondidos en cualquier lugar: en relojes, recibos, matrículas e incluso en tus sueños. Recuerde, al universo le encanta jugar al escondite con su sabiduría.

Paso dos: descifra el código. Una vez que hayas identificado una secuencia, toma este libro y sumérgete en los significados ocultos. 111 podría ser un "¡adelante!" cósmico. para tu nueva aventura, mientras que 222 podría ser un suave recordatorio para encontrar la armonía en tus relaciones. Cada número encierra una historia única, esperando ser descubierta.

Paso tres: el contexto es el rey. El significado de un número angelical no se trata solo del número en sí, sino también de la situación en la que te encuentras. Ver el 555 después de una gran ruptura puede significar que es hora de dejarse llevar y abrazar nuevos comienzos, mientras que el 777 parpadea en tu pantalla antes. una gran presentación podría ser un amuleto cósmico de buena suerte.

Paso cuatro: confíe en su instinto. A veces, los ángeles le hablan a tu intuición, no a tu cabeza. Entonces, cuando veas una secuencia numérica, presta atención a cómo te hace sentir. ¿Despierta emoción? ¿Una sensación de calma? Escuche esa voz interior; a menudo es el susurro más fuerte de todos.

Paso cinco: déjate guiar. Los números de los ángeles no son sólo galletas de la fortuna; son herramientas poderosas para el crecimiento y la transformación. Utilice sus conocimientos para tomar decisiones, superar desafíos y manifestar sus sueños. Recuerda, el universo te anima en cada paso del camino.

Finalmente, recuerde: el mundo de los números de ángeles es un viaje personal. Algunos pueden verlos en todas partes, mientras que otros pueden encontrarlos de forma más esporádica. Pero la clave es estar abierto a su magia, escuchar los susurros y dejar que te guíen en tu camino único y maravilloso. Después de todo, el universo habla de maneras misteriosas y, a veces, las respuestas que buscamos están ocultas a plena vista, disfrazadas de una simple secuencia de números, esperando ser descubiertas.

A medida que te familiarices más con este lenguaje secreto, descubrirás que el mundo que te rodea está lleno de mensajes ocultos. Los números de ángeles no se convierten en simples coincidencias fugaces, sino en poderosas herramientas para el crecimiento personal, la inspiración y la orientación. Así que mantén los ojos bien abiertos, el corazón abierto y la intuición en alerta máxima. El universo está hablando, y con un poco de confianza y descifrando códigos, descubrirás que tus ángeles siempre están a solo un susurro de distancia, listos para guiarte en tu viaje más maravilloso hasta el momento.

Consejos adicionales para desbloquear tus mensajes divinos:

Sintonizar los susurros de los ángeles a través de los números puede ser una hermosa manera de navegar por las corrientes de la vida. Para profundizar tu conexión con estos mensajes divinos, aquí tienes algunos consejos útiles:

Lleva un diario de tus encuentros: piensa en tu diario como un diario celestial. Anota las secuencias numéricas que detectes y tus interpretaciones intuitivas. Con el tiempo, pueden surgir patrones que susurren verdades ocultas y lo impulsen hacia una comprensión más profunda.

Reflexión meditativa: cuando una secuencia numérica persiste en tu mente, tómate un tiempo de tranquilidad. Siéntate cómodamente, cierra los ojos y deja que la esencia del número te invada. Siente sus vibraciones, contempla su significado y permite que tu sabiduría interior te susurre su guía.

Compartir los mensajes celestiales: Hablar de tus encuentros angelicales con otros puede ser una experiencia armonizadora. Al compartir sus observaciones e interpretaciones, puede obtener nuevas perspectivas y tejer un tapiz de significado más rico. Recuerde, a veces, las ideas más profundas surgen de conversaciones inesperadas.

Descifrando las secuencias numéricas más largas: no te preocupes si encuentras una secuencia numérica angelical con cuatro o más dígitos. Su guía confiable aún puede ser su brújula celestial. Simplemente divide el número en unidades más pequeñas de dos o tres dígitos, como frases musicales mágicas. Busque sus significados en el libro y escuche atentamente la melodía combinada que crean.

Susurros a lo largo del viaje: a medida que navegas por los sinuosos caminos de la vida, es posible que notes que aparecen secuencias numéricas similares, especialmente cuando te acercas a un hito o te enfrentas a una elección. ¡No subestimes estos sutiles empujones! Incluso los pequeños cambios en tu viaje pueden resonar profundamente en el universo, y estas secuencias repetidas son como choca esos cinco celestiales, reconociendo tu progreso y animándote a seguir avanzando.

Recuerde, los números de ángeles son un lenguaje personal, hablado en los susurros de su intuición. La forma en que elijas interpretarlos y utilizarlos depende totalmente de ti. Esté abierto a su guía, déjelos iluminar su camino y observe cómo su vida se transforma en una sinfonía de alegría y plenitud.

Número de ángel
0

¡Ah, ángel número 0! Este número aparentemente pequeño en realidad tiene un gran impacto en el ámbito de los mensajes angelicales. Simboliza potencial, comienzos, posibilidades infinitas y una conexión con lo divino. Si bien a veces puede aparecer junto con otros números de ángeles para amplificar sus energías, ver el 0 por sí solo significa un potente momento de transición, nuevos comienzos y un campo abierto de potencial esperando ser explorado.Ver este número repetidamente es una poderosa señal de tus ángeles de que te esperan emocionantes posibilidades.Aquí hay un vistazo más de cerca a lo que el ángel número 0 podría significar para usted:

Abrazando nuevos comienzos:

Nuevo comienzo: 0 es una señal de que un ciclo está finalizando y uno nuevo está por comenzar. Esto podría ser cualquier cosa, desde un nuevo trabajo o relación hasta un cambio en su perspectiva o dirección de vida. ¡Esté abierto a las posibilidades y abrace la pizarra en blanco!

Plantar semillas: Piense en esto como el momento en que planta las semillas de su futuro. ¿Qué intenciones quieres establecer? ¿Qué sueños quieres cultivar? 0 te anima a concentrarte en tus deseos y comenzar a actuar para lograrlos.

Potencial infinito: No hay límites para lo que puedes lograr con 0 de tu lado. Este es un recordatorio de su poder inherente y su capacidad de crecimiento. Cree en ti mismo y en tu capacidad para crear la vida que deseas.

Conectando con lo Divino:

Despertar espiritual: 0 puede indicar una conexión cada vez más profunda con su espiritualidad. Es un recordatorio de que eres parte de algo más grande que tú mismo y que estás guiado por fuerzas invisibles. Presta atención a tu intuición y busca orientación de fuentes superiores.

Unidad con todo: 0 simboliza la interconexión de todas las cosas. Te anima a derribar barreras y ver la unidad en todo lo que te rodea. Practica la compasión, la comprensión y el amor hacia ti mismo y hacia los demás.

Paz interior y plenitud: este número también puede ser un recordatorio de su plenitud y unidad inherentes con todo lo que es. Deje de lado las ansiedades y abrace una sensación de paz interior y aceptación.

Temas adicionales:

Ciclos y finales: A veces el 0 puede indicar la finalización de una fase o ciclo en tu vida. No te resistas al final, pero considéralo como un paso necesario hacia nuevos comienzos.

Intuición y guía interior: preste atención a sus instintos y susurros internos. 0 te anima a confiar en tu intuición y dejar que ella guíe tus decisiones.

Liberación y rendición: Dejar de lado creencias, miedos y limitaciones obsoletas puede allanar el camino para un nuevo crecimiento. Esté dispuesto a liberar lo que ya no le sirve y abrazar lo desconocido.

Unidad y plenitud: El ángel número 0 representa el concepto de unidad y plenitud. Todo está interconectado y tú eres parte de algo mucho más grande que tú mismo.

Amplificación: cuando aparece con otros números, el ángel número 0 puede amplificar su energía y significado. Preste atención a los números que lo rodean para obtener información más profunda.

Aquí hay algunas preguntas para reflexionar cuando vea el ángel número 0:

- ¿Qué áreas de tu vida te sientes estancada o lista para un nuevo comienzo?
- ¿Existe alguna creencia limitante que le impida alcanzar su potencial?
- ¿Qué mensaje sientes que te está enviando el universo a través de este número?
- ¿Cómo puedes fortalecer tu conexión con tu espiritualidad e intuición?
- ¿Hay algún pensamiento o patrón negativo que debas liberar?

- ¿Qué nuevas posibilidades u objetivos estás dispuesto a manifestar?

Recordar:

- Ver el ángel número 0 es una señal positiva de que tus ángeles te están animando a abrazar tu potencial ilimitado, dar la bienvenida a nuevos comienzos y profundizar tu conexión espiritual.
- No tengas miedo de salir de tu zona de confort y explorar nuevas posibilidades. Confía en tu intuición y deja que el universo te guíe.
- Recuerda, eres uno con todo y eres capaz de lograr cualquier cosa que te propongas.
- Acepta los nuevos comienzos, explora tu conexión espiritual y concéntrate en manifestar tus deseos.
- Mantén una actitud positiva, actúa y confía en el desarrollo del camino de tu vida.

Número de ángel
1

El ángel número 1 vibra con energía positiva y contiene poderosos mensajes de nuevos comienzos, nuevos comienzos y oportunidades asombrosas.

A menudo se ve como una señal de tus ángeles de la guarda de que hay nuevas oportunidades y posibilidades emocionantes en el horizonte. Aquí hay un desglose de su significado clave.ngs:

Adopte nuevos comienzos y nuevos comienzos:

Cierra capítulos antiguos: este número te anima a dejar de lado cualquier cosa que te detenga, ya sean creencias limitantes, relaciones pasadas o situaciones estancadas. Haz espacio para nuevas posibilidades y emocionantes aventuras.

Planta nuevas semillas: es hora de iniciar nuevos proyectos, perseguir tus pasiones y fijar tu mirada en nuevas metas. No tengas miedo de correr riesgos calculados y salir de tu zona de confort.

Abraza el espíritu pionero: el ángel número 1 te anima a ser un pionero, un innovador y un líder por derecho propio. Confía en tu intuición y crea tu propio camino único.

Adopte la independencia y el autoliderazgo:

Cree en tu propio poder: el ángel número 1 te recuerda que eres capaz de lograr cualquier cosa que te propongas. Confía en tus capacidades y hazte cargo de tu vida.

Desarrolla tu asertividad: aprende a comunicar tus necesidades y deseos con claridad y confianza. No tengas miedo de defenderte y tomar decisiones que se alineen con tus valores.

Abrace su individualidad: este número lo alienta a celebrar sus fortalezas, talentos y perspectivas únicas. No tengas miedo de destacar entre la multitud y ser fiel a ti mismo.

Temas adicionales del ángel número 1:

Motivación e inspiración: el ángel número 1 también puede ser un signo de mayor motivación e inspiración. Utilice esta energía para actuar y perseguir sus sueños con entusiasmo renovado.

Cambio y transformación positivos: esto lo alienta a aceptar el cambio y la transformación positivos. Ver los desafíos como oportunidades de crecimiento y expansión.

Amor y relaciones: En el amor, el ángel número 1 puede simbolizar el comienzo de un nuevo romance, un nuevo capítulo en una relación existente o la necesidad de tomar la iniciativa y expresar sus sentimientos.

Carrera y finanzas: en su carrera, este número puede significar nuevas oportunidades, promociones o empresas exitosas. En las finanzas, puede indicar abundancia y prosperidad.

Espiritualidad: el ángel número 1 puede ser un signo de despertar o crecimiento espiritual. Te anima a conectarte con tu yo superior y tu propósito en la vida.

Cómo abrazar al ángel número 1:

- Esté abierto a nuevos comienzos y oportunidades.
- Confía en tu intuición y sigue tu propio camino.
- Manténgase positivo y centrado en sus objetivos.
- Toma acción y haz que las cosas sucedan.
- Agradece las bendiciones en tu vida.

Recuerde: el significado específico del ángel número 1 para usted dependerá de sus circunstancias individuales y de lo que esté sucediendo en su vida en este momento. Presta atención al contexto en el que ves el número y cómo te hace sentir.

Aquí hay algunas preguntas que debe hacerse:

- ¿Qué has estado pensando o sintiendo últimamente?
- ¿Estás en una encrucijada en tu vida?
- ¿Estás pensando en hacer un cambio?
- ¿Cuáles son sus esperanzas y sueños para el futuro?

- ¿Qué área de tu vida se siente estancada o lista para el cambio?
- ¿Qué nuevas empresas o sueños se han estado gestando en tu interior?
- ¿Qué creencias limitantes o miedos te están frenando?
- ¿Cómo puedes dar un paso adelante hacia tus objetivos con valentía y entusiasmo?

Recordar:

- Ver el ángel número 1 es una señal positiva de que tus ángeles te están animando a abrazar nuevos comienzos, actuar y asumir tu poder.
- Cree en ti mismo, confía en tu intuición y sé el líder de tu propia vida.
- Abrace nuevos comienzos, cultive la independencia e inspire a otros con su espíritu único.
- Manténgase positivo y abierto a nuevas posibilidades.

Número de ángel
2

¡Ah, el gentil y poderoso número 2! Ver este número angelical es a menudo una señal de equilibrio, armonía y asociación que se avecina en su camino. Aquí hay un desglose de sus significados clave y lo que puedes hacer cuando aparece:

Adopte el equilibrio, la armonía y la conexión:

Busca el equilibrio en todos los aspectos: el ángel número 2 te anima a encontrar el equilibrio en tu bienestar físico, emocional, mental y espiritual. Priorice el cuidado personal, las relaciones saludables y las actividades que le brinden paz y alegría.

Fomente sus relaciones: fortalezca sus vínculos con sus seres queridos, practique la escucha activa y la empatía, y ofrezca apoyo y comprensión. Recuerde, la verdadera conexión se nutre del equilibrio y la reciprocidad.

Busque soluciones pacíficas: cuando se enfrente a desafíos, acérquese a ellos con un espíritu tranquilo y colaborativo. Busque soluciones beneficiosas para todos y priorice la comprensión sobre el conflicto.

Abrace el amor y el servicio:

Abre tu corazón al amor: el ángel número 2 te recuerda que el amor es abundante y está disponible para ti. Amplia tu capacidad de amar, tanto hacia ti como hacia los demás.

Expresa tu amor libremente: muestra a tus seres queridos lo mucho que significan para ti mediante palabras, acciones y gestos de bondad. Esté abierto a recibir amor a cambio.

Sirve a los demás con compasión: utiliza tus talentos y dones para generar un impacto positivo en el mundo que te rodea. Considere ofrecer su tiempo como voluntario, compartir sus conocimientos o simplemente ofrecer un oído atento.

Temas adicionales del ángel número 2:

Hogar y familia: el ángel número 2 también puede significar la importancia del hogar y la vida familiar. Cultive un ambiente cálido y armonioso para usted y sus seres queridos.

Curación y perdón: este número también puede animarte a dejar atrás las heridas del pasado y perdonarte a ti mismo y a los demás. La curación te permite avanzar con paz y claridad.

Abundancia material: el ángel número 2 también puede significar abundancia en los aspectos materiales y emocionales de la vida. Confía en que tienes todo lo que necesitas y eres digno de recibir más.

Asociación y colaboración: este número también puede alentarlo a buscar asociaciones y trabajar en colaboración para lograr objetivos compartidos. Recuerde, ¡el trabajo en equipo hace que el sueño funcione!

Intuición y diplomacia: el ángel número 2 te anima a aprovechar tu sabiduría intuitiva y afrontar situaciones con diplomacia y gracia.

Fe y confianza: este número también puede ser un recordatorio para tener fe en el universo y confiar en que todo se desarrolla como debería.

Aquí hay algunas preguntas que debe hacerse:

- ¿En qué parte de mi vida hay un desequilibrio que debo abordar? (Conciliación vida-trabajo, bienestar emocional, etc.)
- ¿Cómo puedo fomentar más paz y armonía en mis relaciones?
- ¿Cuáles son mis pasiones y talentos más profundos que me siento llamado a compartir?
- ¿Estoy abierto a recibir orientación y colaborar con otros en mi viaje?
- ¿Confío plenamente en mi propia intuición y sabiduría interior?
- ¿Dónde me aferro a dudas o miedos que es necesario liberar?

Qué hacer cuando veas el ángel número 2:

- Busque el equilibrio: dé un paso atrás y evalúe dónde necesita encontrar el equilibrio. ¿Es tu carga de trabajo, tus relaciones o tu estado interno?
- Fomente sus asociaciones: invierta tiempo y energía en sus relaciones, tanto personales como profesionales. Comunicarse abiertamente y trabajar hacia objetivos comunes.
- Confía en tu intuición: presta atención a tus instintos y a tu voz interior. Pueden guiarlo hacia las decisiones y oportunidades correctas.
- Abre tu corazón al amor: sé receptivo a nuevas conexiones y profundiza las existentes. Expresa tu amor y aprecio por quienes te rodean.
- Practique la diplomacia y el establecimiento de la paz: busque soluciones que beneficien a todos y esfuércese por lograr la armonía en sus interacciones.

Recordar:

- Ver el ángel número 2 es una señal positiva de que estás en el camino correcto. Es un recordatorio para cultivar el equilibrio, nutrir las relaciones y confiar en su guía interior.
- Aproveche las oportunidades de cooperación, amor y armonía que se le presenten.
- Con un enfoque equilibrado y un corazón abierto, puedes afrontar los desafíos de la vida y crear un viaje satisfactorio para ti.
- Confía en tu intuición, colabora con los demás y cultiva la fe en ti mismo y en el universo.
- Abraza el viaje del crecimiento personal y recuerda que nunca estás solo.

Número de ángel
3

El ángel número 3 vibra con energía positiva y transmite poderosos mensajes de crecimiento, creatividad, comunicación y optimismo. Ver este número es una señal de tus ángeles de que están contigo, apoyándote en tu viaje hacia la autoexpresión, la alegría y la manifestación. Aquí hay un desglose de lo que el ángel número 3 podría significar para usted:

Abrace la creatividad y la autoexpresión:

Explora tu lado artístico: ya sea escribiendo, pintando, música o cualquier otra cosa que despierte tu alegría, libera tu energía creativa y comparte tus dones únicos con el mundo.

Exprésate auténticamente: no temas dejar que se escuche tu voz y compartir tus verdaderos pensamientos y sentimientos. Habla tu verdad y abraza tu individualidad.

Conéctate con tu niño interior: Permítete jugar, divertirte y explorar nuevas posibilidades con una mente abierta y curiosa.

Adopte el crecimiento y la expansión:

Adéntrate en tu poder: el ángel número 3 te anima a creer en ti mismo y en tus habilidades. Asuma riesgos, persiga sus pasiones y no tenga miedo de salir de su zona de confort.

Abraza nuevas experiencias: Ábrete al aprendizaje y al crecimiento personal. Explora nuevos pasatiempos, viaja a nuevos lugares y conéctate con diferentes personas. ¡La expansión te espera!

Desarrolla tus talentos: el ángel número 3 aparece a menudo cuando te llaman a compartir tus dones únicos con el mundo. Perfecciona tus habilidades, expresa tu creatividad y deja que tu luz brille.

Mejorar la comunicación y la conexión:

Di tu verdad: exprésate de forma auténtica y abierta. No tengas miedo de compartir tus pensamientos, sentimientos e ideas con el mundo.

Escuche con empatía: preste atención a los demás, ofrezca apoyo y practique la escucha activa. Una comunicación sólida construye puentes y fortalece las conexiones.

Colabora y conecta: el ángel número 3 fomenta el trabajo en equipo y la colaboración. Busque asociaciones, únase a grupos y trabaje para lograr objetivos compartidos.

Cultive el optimismo y la alegría:

Concéntrese en lo positivo: elija ver lo bueno en cada situación, incluso cuando enfrente desafíos. Mantenga una actitud positiva y crea en el poder de la esperanza.

Celebre sus éxitos: reconozca sus logros, grandes y pequeños. Comparte tu alegría con los demás y déjate disfrutar del sentimiento de logro.

Abraza la alegría y la alegría: el ángel número 3 te recuerda que debes disfrutar de los placeres simples de la vida. Tómese tiempo para reír, realizar actividades divertidas y cosas que le brinden alegría.

Abrazar la Manifestación:

Concéntrate en tus deseos y visualiza tus metas: El poder de tus pensamientos e intenciones es fuerte. Defina claramente sus sueños y manténgalos en su mente con una firme convicción.

Tome medidas inspiradas: no se limite a soñar, tome medidas concretas para alcanzar sus objetivos. Alinee sus acciones con sus intenciones y trabaje activamente para hacer realidad sus deseos.

Confía en el universo y en el momento de tus manifestaciones: tus sueños pueden desarrollarse de maneras inesperadas, así que mantente abierto a recibir bendiciones en diferentes formas y momentos.

Aquí hay algunas preguntas clave para reflexionar que pueden ayudarlo a desbloquear el mensaje específico que envían sus ángeles cuando ve el número 3:

- ¿Estoy descuidando mi lado creativo o mis pasiones? ¿Qué puedo hacer para expresarme más auténticamente?
- ¿Tengo alguna creencia limitante sobre mis talentos o mi voz que deba ser liberada?
- ¿Cómo puedo conectarme con mi niño interior e infundir más alegría y alegría en mi vida diaria?
- ¿Qué áreas de mi vida me siento estancadas o listas para expandirse? ¿Dónde puedo aprender cosas nuevas o ampliar mis horizontes?
- ¿Estoy escuchando mi intuición y tomando medidas inspiradas para alcanzar mis metas y sueños?
- ¿Estoy viviendo con pasión y entusiasmo o necesito reavivar mi chispa interna?
- ¿Estoy visualizando claramente mis sueños y manteniéndolos en mi mente con una firme convicción?

Recordar:

- Ver el ángel número 3 es una señal positiva y alentadora de que tus ángeles están contigo, apoyando tus esfuerzos creativos, tu crecimiento personal y tu viaje alegre.
- Abraza tu chispa única, expande tus horizontes, cultiva la alegría y cree en tu capacidad para manifestar tus sueños.
- ¡Confía en tu intuición, toma medidas inspiradas y sigue irradiando tu luz!
- Abrace nuevas experiencias, exprésese creativamente y comuníquese abiertamente.
- Cultive el optimismo, celebre sus éxitos y encuentre alegría en el viaje.

Número de ángel
4

El ángel número 4 resuena con estabilidad, conexión a tierra, practicidad y trabajo duro. Ver este número repetidamente es una señal de tus ángeles de que te están animando a construir una base sólida en tu vida, trabajar diligentemente para alcanzar tus metas y permanecer concentrado en los logros. Así es como el ángel número 4 podría guiarte:

Adopte la estabilidad y la conexión a tierra:

Busca el equilibrio en todos los ámbitos de tu vida: Esto incluye tu bienestar físico, emocional, mental y espiritual. Prioriza el cuidado personal, los hábitos saludables y las actividades que te aporten una sensación de calma y seguridad.

Desarrolle bases sólidas: ya sea en su carrera, sus relaciones o sus finanzas personales, concéntrese en construir una base sólida que pueda respaldarlo a largo plazo.

Practica la disciplina y la rutina: Crea hábitos y rutinas saludables que proporcionen estructura y estabilidad en tu vida diaria. La constancia y la perseverancia son claves para lograr tus objetivos.

Adopte la disciplina y el trabajo duro:

Persevera a través de los desafíos: No te desanimes ante los obstáculos o contratiempos. El ángel número 4 te recuerda que el trabajo duro y la dedicación conducirán en última instancia al éxito.

Desarrolle una sólida ética de trabajo: cultive la disciplina, la concentración y la perseverancia en sus esfuerzos. Esté dispuesto a esforzarse y dedicar tiempo para lograr sus objetivos.

Manténgase organizado y eficiente: implemente rutinas y sistemas que le ayuden a gestionar su tiempo y recursos de forma eficaz. La estructura y la organización pueden respaldar su productividad y mantenerlo encaminado.

Adopte la practicidad y la responsabilidad:

Tome decisiones responsables: piense detenidamente antes de tomar decisiones y considere las posibles consecuencias. El ángel número 4 fomenta la toma de decisiones sabias y prácticas.

Cumple tus compromisos: sé confiable y digno de confianza, y cumple tus promesas. Asume la responsabilidad de tus responsabilidades y acciones.

Concéntrese en objetivos a largo plazo: no se deje atrapar por distracciones a corto plazo o soluciones rápidas. El ángel número 4 fomenta una perspectiva a largo plazo y la construcción de un futuro sostenible.

Recordar:

- Ver el ángel número 4 es una señal positiva de que tus ángeles están contigo, apoyándote en tu viaje hacia la estabilidad, los logros y bases sólidas.
- El número 4 no es una señal para darse por vencido o reducir el ritmo, sino más bien para abordar sus objetivos con concentración, disciplina y una mentalidad práctica.
- Confía en tus capacidades para construir un futuro estable y seguro para ti. Su arduo trabajo y dedicación darán sus frutos a largo plazo.
- Acepta la responsabilidad, el trabajo duro y la perseverancia, y no temas esforzarte para lograr tus objetivos.
- Manténgase firme en sus valores y prioridades, y no tenga miedo de realizar los cambios necesarios para crear la vida que realmente desea.
- Construya una base sólida en su vida, establezca metas realistas y esfuércese siempre por alcanzar la excelencia.
- Confía en el proceso, mantente enfocado y no renuncies a tus sueños.

Ver el ángel número 4 es un empujón para profundizar en sus fundamentos, ética de trabajo y sentido de responsabilidad. Aquí hay algunas preguntas para guiar su autorreflexión:

- ¿En qué parte de mi vida necesito concentrarme en generar más estabilidad o conexión a tierra?
- ¿Me estoy fijando objetivos realistas y alcanzables?
- ¿Estoy haciendo el esfuerzo necesario para lograr los resultados deseados?
- ¿Existen creencias limitantes o miedos que me impiden alcanzar mi máximo potencial?
- ¿Estoy poniendo el esfuerzo necesario para lograr mis objetivos? ¿Qué desafíos estoy evitando?
- ¿Cómo puedo desarrollar más disciplina y compromiso en mi vida diaria?
- ¿Estoy asumiendo plena responsabilidad de mis acciones y elecciones? ¿Hay áreas en las que debo responsabilizarme más?

Al reflexionar sobre estas preguntas y actuar de acuerdo con sus conocimientos, puede desbloquear todo el potencial del ángel número 4 y crear una vida de estabilidad, éxito y logros fundamentados.

Número de ángel
5

El ángel número 5 vibra con la energía del cambio positivo, la adaptabilidad, la libertad y la aventura. Ver este número repetidamente es una señal de tus ángeles de que se avecinan transformaciones emocionantes en el horizonte, que te instan a aprovechar nuevas oportunidades, dejar de lado las limitaciones y perseguir tus pasiones con entusiasmo. Aquí hay un desglose de lo que el ángel número 5 podría significar para usted:

Abrace el cambio y los nuevos comienzos:

Esté abierto a nuevas perspectivas y oportunidades interesantes: el cambio, a pesar de su potencial malestar, puede conducir a un inmenso crecimiento y satisfacción. Abrace nuevos capítulos en su vida, ya sea un cambio de carrera, una reubicación o un cambio en las relaciones.

Libera el pasado y deja ir lo que ya no te sirve: no te aferres a patrones obsoletos ni a situaciones estancadas. Reconoce lo que necesitas liberar y ábrete al influjo de energía fresca y nuevas posibilidades.

Sal de tu zona de confort: no tengas miedo de correr riesgos y aventurarte hacia lo desconocido. Los desafíos y los territorios desconocidos a menudo pueden conducir a las experiencias y avances personales más gratificantes.

Abrace la aventura y la libertad:

Infunde espontaneidad y emoción en tu vida: busca nuevas experiencias, viaja a lugares desconocidos y disfruta de actividades que despierten tu espíritu aventurero. Libérese de las rutinas y disfrute de la emoción de explorar y descubrir.

Vive con el corazón abierto y el espíritu libre: No dejes que el miedo ni las expectativas te limiten. Abraza la individualidad, expresa tu yo auténtico y vive la vida en tus propios términos.

Escucha tu voz interior y sigue tus pasiones: persigue lo que te emociona y te hace sentir realmente vivo. No tengas miedo de liberarte de las presiones sociales y perseguir tus sueños y deseos únicos.

Adopte la adaptabilidad y el ingenio:

Esté abierto a nuevos enfoques y flexible en su forma de pensar: el cambio es inevitable, así que aprenda a adaptarse a diferentes situaciones y acepte los desafíos como oportunidades para aprender y crecer.

Confía en tu intuición y tu ingenio: tienes todo lo que necesitas dentro de ti para afrontar cualquier situación o superar cualquier obstáculo. Confía en tu sabiduría interior y en tu capacidad para encontrar soluciones creativas.

Abrace la diversidad y aprenda de los demás: amplíe sus horizontes exponiéndose a diferentes culturas, perspectivas y formas de vida. La apertura y la adaptabilidad enriquecerán tus experiencias y te permitirán afrontar cualquier cosa que la vida te depare.

Ver el ángel número 5 es un empujón encantador para explorar temas de cambio positivo, adaptabilidad y aceptación de nuevas aventuras. Aquí hay algunas preguntas para guiar su autorreflexión cuando encuentre este poderoso número:

- ¿Qué áreas de mi vida me siento estancadas o listas para un nuevo comienzo? ¿Qué cambios podrían estar en el horizonte?
- ¿Existen creencias limitantes o miedos que me impidan aceptar estos cambios? ¿Cómo puedo liberarlos?
- ¿Estoy viviendo una vida fiel a mis pasiones y deseos? ¿Dónde puedo añadir más libertad y espontaneidad a mi rutina?
- ¿Cuáles son algunos de los riesgos que he querido correr pero aún no lo he hecho? ¿Qué me detiene y cómo puedo superarlo?
- ¿Estoy abierto a oportunidades inesperadas y aventuras no planificadas? ¿Cómo puedo cultivar un espíritu más aventurero?
- ¿Estoy descuidando mi sensualidad y el disfrute de los placeres simples de la vida? ¿Cómo puedo cultivar un enfoque más equilibrado y alegre de mi vida?

Recordar:

- Ver el ángel número 5 es una señal positiva de que tus ángeles te animan mientras te embarcas en un viaje de cambio, aventura y liberación personal.
- Mantén la mente abierta, adaptable y fiel a ti mismo. ¡Confía en tu intuición, toma medidas inspiradas y disfruta del emocionante viaje!
- Acepta el cambio, sal de tu zona de confort y confía en tu intuición para guiarte hacia nuevas y emocionantes experiencias.
- Celebre su individualidad, libérese de las limitaciones y descubra la alegría de vivir la vida en sus propios términos.
- Confía en tu intuición, adáptate a nuevas situaciones y disfruta del viaje de crecimiento y expansión que te espera.

Número de ángel
6

¡Ángel número 6! Este número vibrante irradia la energía del equilibrio, la armonía, la responsabilidad, el amor y la crianza. Ver este número repetidamente es una señal de tus ángeles que te animan a cultivar una vida equilibrada, nutrir tus relaciones, aceptar la responsabilidad con gracia y difundir el amor en todas sus formas. Así es como el ángel número 6 podría guiarte:

Abrace el equilibrio y la armonía:

Busca el equilibrio en todos los aspectos de tu vida: Esto incluye tu bienestar físico, emocional, mental y espiritual. Priorice el cuidado personal, las relaciones saludables y las actividades que le brinden alegría y paz.

Busque soluciones en las que todos ganen: cuando se enfrente a desafíos, acéptelos con un espíritu colaborativo y busque soluciones que beneficien a todos los involucrados. Recuerde, el equilibrio a menudo reside en comprender diferentes perspectivas.

Fomente su conexión con la naturaleza: pase tiempo en la naturaleza para encontrar su centro y reconectarse con la armonía del universo. La belleza y el equilibrio de la naturaleza pueden ofrecer ideas para encontrar el equilibrio dentro de uno mismo.

Adopte la responsabilidad y el servicio:

Cumple tus compromisos y obligaciones: El ángel número 6 te recuerda que debes ser confiable, digno de confianza y responsable de tus acciones. Asuma la responsabilidad de sus decisiones y contribuya significativamente a su comunidad.

Ofrezca sus dones y talentos a los demás: utilice sus habilidades y conocimientos para apoyar a quienes le rodean y generar un impacto positivo en el mundo. El servicio brinda realización personal y fortalece su conexión con los demás.

Lidera con integridad y compasión: toma decisiones basadas en tus valores y trata a todos con respeto. Su sólida brújula moral inspira a otros a hacer lo mismo.

Abrace el amor y la crianza:

Abre tu corazón al amor en todas sus formas: esto incluye el amor romántico, el amor familiar, las amistades y el amor por ti mismo. Cultive la bondad, la empatía y la comprensión en sus relaciones.

Exprese su amor y aprecio: no tenga miedo de decirles a sus seres queridos lo mucho que significan para usted. Pequeños gestos de bondad y compasión pueden tener un profundo impacto en los demás.

Nutre tu creatividad y tu niño interior: el ángel número 6 te anima a explorar tu lado artístico y a encontrar alegría en los placeres simples. La alegría y la creatividad pueden traer alegría y equilibrio a tu vida.

Temas adicionales:

Hogar y familia: el ángel número 6 también puede significar un enfoque en fortalecer la vida hogareña y los vínculos familiares. Priorice el tiempo de calidad con sus seres queridos y cree un ambiente enriquecedor.

Responsabilidad financiera: este número también puede fomentar una gestión financiera responsable. Tome decisiones acertadas, cultive la abundancia y evite depender del apoyo de otros.

Compasión y perdón: el ángel número 6 te recuerda que debes tratarte a ti mismo y a los demás con compasión. Perdónate a ti mismo y a los demás por los errores del pasado y concéntrate en seguir adelante con amabilidad.

Ver al ángel número 6 es una hermosa invitación a profundizar en los temas del equilibrio, el amor y el servicio. Aquí hay algunas preguntas para guiar su autorreflexión cuando se encuentre con este potente número:

- ¿En qué parte de mi vida hay un desequilibrio que debo abordar? (Conciliación vida-trabajo, bienestar emocional, etc.)
- ¿Cómo puedo fomentar más paz y armonía en mis relaciones?
- ¿Estoy afrontando los desafíos con un espíritu colaborativo o buscando soluciones en las que todos ganen?

- ¿Estoy abierto a recibir y expresar amor libremente en mi vida?
- ¿Cómo puedo conectarme mejor con mis seres queridos y fortalecer mis relaciones existentes?
- ¿Estoy asumiendo plena responsabilidad de mis acciones y elecciones?
- ¿Hay algún compromiso que deba priorizar o cumplir?
- ¿Cómo puedo convertirme en un amigo, familiar o socio más confiable y comprensivo?

Recordar:

- Ver el ángel número 6 es una señal positiva y alentadora de que tus ángeles te están apoyando en tu viaje para crear una vida equilibrada, armoniosa y amorosa.
- Acepta la responsabilidad, nutre tus relaciones y difunde el amor en todas sus formas.
- Confía en tu intuición, colabora con los demás y recuerda que el verdadero equilibrio está en el corazón de todo lo que haces.
- Asuma la responsabilidad de sus acciones, contribuya con sus talentos al mundo y sea una presencia confiable y digna de confianza.
- Confía en el proceso, mantente abierto al cambio y abraza el hermoso viaje de equilibrio, amor y servicio que te espera.

Número de ángel
7

El ángel número 7 vibra con la poderosa energía del crecimiento espiritual, la introspección, la sabiduría y la intuición. Ver este número repetidamente es una señal de tus ángeles de que te están animando a profundizar tu conexión con tu yo interior, abrazar el autodescubrimiento y confiar en tu guía interior. Aquí hay un desglose de lo que el ángel número 7 podría significar para usted:

Abrace el crecimiento espiritual y la introspección:

Busque una comprensión más profunda: el ángel número 7 lo alienta a profundizar en su vida espiritual, explorar sus creencias y conectarse con su propósito superior. Esto puede implicar meditación, oración, estudiar textos sagrados o simplemente pasar tiempo en reflexión tranquila.

Abraza la soledad y la introspección: tómate un tiempo para ti, lejos del ruido y las distracciones de la vida cotidiana. Utilice este espacio para escuchar su voz interior, reflexionar sobre sus experiencias y obtener información sobre sus verdaderos deseos y metas.

Desarrolla tu intuición: confía en tus instintos y en tu sabiduría interior. Presta atención a los pensamientos, sueños y sincronicidades recurrentes, ya que pueden contener mensajes de tus ángeles o tu subconsciente.

Abrace la sabiduría y el conocimiento:

Busque conocimiento y comprensión: esto puede implicar educación formal, autoestudio o simplemente estar abierto a aprender de sus experiencias y de las personas que lo rodean. La sabiduría proviene de una combinación de conocimiento y experiencia.

Comparta su sabiduría con los demás: no tenga miedo de compartir sus ideas y conocimientos con los demás. Al enseñar y guiar a otros, profundiza su propia comprensión y hace una contribución positiva al mundo.

Adopte el pensamiento crítico: desarrolle su capacidad para analizar situaciones objetivamente y tomar decisiones informadas. No tengas miedo de desafiar tus propias creencias y cuestionar el status quo.

Abrace la intuición y la guía interior:

Confía en tu instinto: cuando te enfrentes a una decisión, escucha tu voz interior. Su intuición a menudo conoce el camino correcto antes que usted conscientemente.

Esté abierto a recibir guía: sus ángeles y guías espirituales están siempre con usted, ofreciéndole apoyo y orientación. Esté abierto a recibir sus mensajes a través de sueños, intuición o sincronicidades.

Actúe basándose en su intuición: no tenga miedo de correr riesgos y siga su guía interior, incluso si parece poco convencional. El verdadero crecimiento suele ocurrir fuera de su zona de confort.

Temas adicionales:

Suerte y buena fortuna:Aunque no es su significado central,El ángel número 7 a menudo se asocia con suerte y buena fortuna. Confía en que el universo te apoya en tu viaje y permítete recibir bendiciones inesperadas.

Segundas oportunidades y aprender de los errores: este número también puede significar nuevos comienzos y oportunidades para segundas oportunidades. Aprenda de sus errores pasados y avance con una nueva sabiduría.

Empatía y compasión: el ángel número 7 te anima a desarrollar tu empatía y compasión por ti mismo y los demás. Sea amable, comprensivo y solidario consigo mismo y con quienes lo rodean.

Cuando encuentras la potente energía del ángel número 7, es una invitación a sumergirte más profundamente en tu viaje espiritual y tu sabiduría interior. Aquí hay algunas preguntas para guiar su autorreflexión mientras contempla su significado:

- ¿He estado descuidando mis necesidades espirituales o mi mundo interior últimamente? ¿Qué prácticas puedo incorporar para fomentar una conexión e introspección más profundas?
- ¿Cómo puedo escuchar mejor y confiar en mi intuición? ¿Hay voces recurrentes o corazonadas que he estado ignorando?

- ¿Qué áreas de conocimiento me llaman en este momento? ¿Qué puedo aprender o estudiar para crecer y ampliar mis horizontes?
- ¿Cómo puedo utilizar mi conocimiento y sabiduría existentes para empoderar e inspirar a otros? ¿Qué regalos puedo compartir con el mundo?
- ¿Hay miedos, dudas o creencias limitantes recurrentes que deba abordar y liberar para acceder a mi verdadero potencial?
- ¿Qué prácticas o enseñanzas espirituales resuenan en mí y podrían ayudarme a profundizar mi conexión con el universo?

Recordar:

- Ver el ángel número 7 es una señal positiva de que tus ángeles te están apoyando en tu viaje de crecimiento espiritual, autodescubrimiento y confiando en tu guía interior.
- Abrace su intuición, sumérjase profundamente en la introspección y confíe en su camino único.
- Esté abierto al aprendizaje, crezca a partir de sus experiencias y exprese los deseos de su alma a través de sus dones individuales.
- Confía en el universo, permítete recibir bendiciones e irradia tu luz interior al mundo.
- Abrace la introspección, busque la sabiduría y confíe en su intuición.
- Tómate un tiempo para ti, desarrolla tu conexión espiritual y sigue tu brújula interior.
- Cree en tu potencial, acepta los desafíos como oportunidades de crecimiento y recuerda que estás en el camino correcto.

Número de ángel
8

El ángel número 8 resuena con una poderosa energía de abundancia, infinidad, transformación, poder personal y manifestación. Ver este número repetidamente es una señal de tus ángeles de que estás entrando en un período de inmenso crecimiento, prosperidad y logro de tus metas. Aquí hay un desglose de lo que el ángel número 8 podría significar para usted:

Abrace la abundancia y la prosperidad:

Cree en tu abundancia inherente: eres digno de recibir y disfrutar todas las formas de abundancia, tanto material como espiritual. Confía en que el universo te está proporcionando.

Concéntrate en la gratitud y el aprecio: reconoce las bendiciones que ya tienes en tu vida, grandes y pequeñas. La gratitud atrae más abundancia y te abre a recibir aún más.

Tome medidas inspiradas: la manifestación requiere acción. Alinee sus pensamientos y deseos con pasos concretos y trabaje para alcanzar sus objetivos con determinación y concentración.

Abrace la transformación y el poder personal:

Esté abierto al cambio y al crecimiento: el ángel número 8 lo alienta a salir de su zona de confort y aceptar nuevos desafíos. Estas experiencias te ayudarán a evolucionar y alcanzar tu máximo potencial.

Desarrolla tu fuerza interior y tu confianza: cree en ti mismo y en tu capacidad para superar cualquier obstáculo. Confía en tu intuición y hazte cargo de tus elecciones y acciones.

Libérese de las creencias limitantes: identifique cualquier pensamiento negativo o duda que le impida alcanzar sus sueños. Libera estas creencias limitantes y reemplázalas con afirmaciones positivas y autocompasión.

Temas adicionales del ángel número 8:

Karma y causa y efecto: el ángel número 8 te recuerda que tus acciones tienen consecuencias. Elija sabiamente sus palabras y acciones, ya que se extenderán y afectarán su futuro.

Equilibrio y justicia: este número también te anima a luchar por el equilibrio en todos los aspectos de tu vida. Sea justo, equitativo y compasivo en sus interacciones con los demás.

Liderazgo y servicio: el ángel número 8 también puede sugerir que tienes cualidades de liderazgo y estás destinado a guiar e inspirar a otros. Utilice sus talentos y habilidades para generar un impacto positivo en el mundo.

Ver al ángel número 8 es una invitación vibrante a profundizar en temas de abundancia, poder personal y transformación. Aquí hay algunas preguntas para guiar su autorreflexión cuando se encuentre con este potente número:

- ¿En qué parte de mi vida deseo más abundancia? (Finanzas, amor, creatividad, etc.)
- ¿Qué creencias limitantes podría tener acerca de recibir abundancia?
- ¿Cómo puedo cultivar una mentalidad más positiva y practicar la gratitud por lo que ya tengo?
- ¿Qué objetivos o deseos específicos puedo definir claramente y centrarme en manifestar?
- ¿Cuáles son mis fortalezas, talentos y habilidades únicas que puedo aprovechar y desarrollar más?
- ¿Hay áreas de mi vida en las que me siento impotente o estancado? ¿Qué pasos puedo tomar para recuperar mi poder y seguir adelante?
- ¿Cómo puedo aceptar el cambio positivo y verlo como una oportunidad de crecimiento y expansión?

Recordar:

- Ver el ángel número 8 es una señal positiva y alentadora de que tus ángeles te están apoyando en tu viaje hacia la abundancia, la transformación y el poder personal.
- Acepta los cambios que se avecinan, cree en tu capacidad para manifestar tus deseos y actúa para alcanzar tus objetivos.

- Desarrolla tu fuerza interior, libera creencias limitantes y lucha por lograr el equilibrio y la justicia en tu vida.
- Utilice sus talentos y habilidades para generar un impacto positivo en el mundo e inspirar a otros.
- Cree en tu propio poder, practica la gratitud y libera creencias limitantes para abrirte a mayores posibilidades.
- Sea consciente del ciclo kármico y concéntrese en crear energía positiva en su vida.

Número de ángel
9

El ángel número 9 resuena con las poderosas energías de la culminación, los finales, los nuevos comienzos, la compasión y el humanitarismo. Ver este número repetidamente es una señal de tus ángeles de que un capítulo importante de tu vida está llegando a su fin, allanando el camino para nuevos comienzos y nuevas oportunidades. Aquí hay un desglose de lo que el ángel número 9 podría significar para usted:

Abrace la realización y el abandono:

Reconocer finales: Reconocer y aceptar el cierre de un ciclo, ya sea de relación, etapa profesional o proyecto personal. Libera lo que ya no te sirve y haz espacio para nuevos comienzos.

Dejar de lado los apegos: Esto no significa olvidar, sino liberar apegos nocivos a experiencias o resultados pasados. Perdónate a ti mismo y a los demás, y sigue adelante desde cero.

Confía en el momento divino: el ángel número 9 te recuerda que los finales no son fracasos, sino pasos necesarios en tu viaje. Confía en que el momento de estas transiciones está divinamente orquestado para tu mayor bien.

Adopte nuevos comienzos y nuevos comienzos:

Ábrete a nuevas posibilidades: cuando se cierra una puerta, se abre otra. Sé receptivo a nuevas oportunidades y experiencias que puedan surgir del final que estás viviendo.

Abrace su potencial creativo: este es un momento de renovación y nuevos comienzos. Persiga sus pasiones, explore nuevas vías y aproveche su energía creativa.

Plante semillas para el futuro: concéntrese en establecer intenciones y tomar medidas para alcanzar sus objetivos para el próximo capítulo. Las semillas que plantes ahora florecerán en el futuro.

Abrace la compasión y el servicio:

Desarrolla tu sentido de empatía: el ángel número 9 te anima a conectarte con los demás en un nivel más profundo, ofrecer apoyo y actuar con compasión.

Utilice sus dones para servir a los demás: considere cómo puede utilizar sus talentos y habilidades para generar un impacto positivo en el mundo que lo rodea. Ofrezca su tiempo como voluntario, done a causas que le interesen o simplemente ofrezca ayuda a quienes lo necesitan.

Adopte una perspectiva global: el ángel número 9 también puede impulsarlo a conectarse con la familia humana en general y considerar cómo sus acciones pueden contribuir a un mundo mejor para todos.

Temas adicionales:

Karma y ciclos kármicos: el ángel número 9 a veces puede significar la finalización de ciclos kármicos y la cosecha de recompensas o enfrentar las consecuencias de acciones pasadas.

Crecimiento espiritual e iluminación: este número también puede guiarlo en su viaje de despertar espiritual y conexión con algo más grande que usted mismo.

Dejar de lado el ego y el materialismo: el ángel número 9 te anima a centrarte en los valores internos y a dejar de lado los apegos a las posesiones materiales.

Cuando vea el vibrante número 9, es una invitación a profundizar en temas de finalización, nuevos comienzos y uso de sus dones para un bien mayor. Aquí hay algunas preguntas para guiar su autorreflexión:

- ¿Qué áreas de mi vida siento que están a punto de completarse? ¿Estoy listo para dejarme llevar y abrazar nuevas posibilidades?
- ¿Hay creencias limitantes o apegos que me impiden seguir adelante? ¿Cómo puedo liberarlos?
- ¿Qué me emociona del futuro? ¿A qué nuevas oportunidades estoy abierto?
- ¿Cómo puedo utilizar mis talentos y dones únicos para generar un impacto positivo en el mundo? ¿Cuál es el llamado de mi alma?
- ¿Estoy cultivando la compasión y la comprensión hacia mí mismo y hacia los demás? ¿Cómo puedo ofrecer más soporte y servicio?

- ¿De qué manera puedo convertirme en un faro de esperanza e inspiración para los demás?

Recordar:

- Ver el ángel número 9 es una señal positiva de que tus ángeles te están apoyando durante las transiciones y preparándote para nuevos comienzos.
- Acepta el proceso de finales y nuevos comienzos, deja ir lo que ya no te sirve y ábrete a las emocionantes posibilidades que te esperan.
- Cultive la compasión, sirva a los demás y conéctese con su propósito superior para una vida plena y significativa.
- Confía en tu intuición, exprésate creativamente y profundiza tu conexión espiritual.
- Recuerda el ciclo kármico y practica el perdón para avanzar con paz y claridad.

Números de ángeles

1: ¡Es hora de empezar de nuevo! Toma la iniciativa, confía en tu instinto y pinta tu propia obra maestra.

2: ¿Te sientes atraído en dos direcciones? Respira, encuentra el equilibrio. La armonía con los demás y con tu interior es tu superpoder.

3: ¡Da rienda suelta al artista que llevas dentro! Canta, pinta, escribe: tu chispa creativa es un faro en el mundo. ¡Brilla!

4: Manténgase firme a medida que avanza. El trabajo duro y la dedicación sientan las bases de un futuro sólido.

5: ¡La aventura te espera! Libérate de la rutina, abraza nuevas experiencias y deja volar tus alas.

6: Abre tu corazón, criador. El amor y la compasión son tus dones: compártelos con el mundo.

7: Escuche los susurros internos. Tu intuición es una brújula que te guía hacia la sabiduría interior.

8: ¡Los ángeles te dicen que la abundancia fluye hacia ti! Cree en ti mismo, aprovecha tu potencial y reclama la prosperidad que te corresponde.

9: Déjalo ir, es hora de un nuevo capítulo. Los finales son sólo nuevos comienzos disfrazados. Confía en el universo, te esperan nuevos horizontes.

10: ¡Sueña en grande! Esta es una nueva era, llena de potencial. Concéntrate, manifiesta y observa cómo tu gran visión despega.

11: ¡Tu voz interior hace eco del cosmos! Confía en tu intuición, despierta tu espíritu y domina tu propio destino.

12: ¡Tus regalos están destinados a compartir! Canaliza tu creatividad, sirve al mundo y observa cómo tus sueños se hacen realidad.

13: El cambio es inevitable, acepta la adaptabilidad y conquista cualquier desafío que se te presente.

14: El amor cura todas las heridas, amigo. Abre tu corazón, ofrece compasión y deja que esta calidez te repare y te apoye.

15: El universo está enviando un mensaje de que el amor y las relaciones están listos para un cambio de imagen. Cree en nuevos comienzos, abre tu corazón y observa cómo florecen las conexiones.

16: ¡Libera el miedo, toma las delicias! La abundancia es tuya para que la tomes. Concéntrese en lo positivo, deje de lado el materialismo y observe cómo florece la prosperidad.

17: Prepárate para bendiciones inesperadas, nuevas oportunidades y una pizca de casualidad. Abre tus brazos y siente el abrazo de tus ángeles.

18: ¡Da rienda suelta a tu bestia creativa! Se están gestando nuevos comienzos en su carrera o emprendimientos artísticos. Enciende tu imaginación y observa cómo se desarrolla tu obra maestra.

19: ¡El universo necesita tu gran corazón! Comparte tus dones, difunde la compasión y marca la diferencia en el mundo. Tu servicio importa.

20: Respira hondo y confía en tus ángeles. La fe y la confianza desbloquearán la paz interior. Te esperan nuevos comienzos, así que mantente erguido, déjate llevar y acepta el viaje.

21: ¡Tus guías celestiales te dicen que veas tu luz interior! Tu intuición es un faro que te lleva a la iluminación y a la sabiduría interior.

22: ¡Tú eres el arquitecto de tu propio destino! Construye tus sueños, manifiesta tus deseos y desbloquea tu potencial ilimitado.

23: ¡Deja que tu voz se eleve sobre alas de ángel! Exprésate con valentía, da rienda suelta a tu creatividad y deja que tu canción única llene el mundo.

24: El universo te está diciendo que te conectes a tierra. Adopte la organización, aproveche la practicidad y construya una base sólida para sus sueños.

25: ¡Libérate, aventurero! Acepta el cambio, enciende tu espíritu y deja que tu alma baile al ritmo de la libertad y la espontaneidad.

26: El hogar es donde florece el corazón. Cuida a tus seres queridos, cultiva la armonía y deja que el amor sea tu luz guía.

27: Busca los susurros silenciosos en tu alma. La soledad y la intuición iluminan tu camino espiritual, guiándote desde dentro.

28: Los ángeles quieren que creas en tu valor, reclames tu prosperidad y manifiestes tus sueños más grandiosos.

29: Abre tu corazón. Tu compasión es un regalo, sirve a los demás con amor y marca la diferencia en el mundo.

30: Déjate llevar, alma querida. Perdona, libera y abraza el nuevo comienzo que te espera. Los nuevos comienzos susurran en el viento, confía en el ciclo y abre tus brazos al futuro.

31: ¡Deja que tus colores exploten! La inspiración enciende tu alma, da rienda suelta a tu expresión única y pinta tu obra maestra en el mundo.

32: Tu corazón susurra sabiduría. Sirve a los demás con intuición, difunde compasión y sé la luz que guía a la humanidad hacia adelante.

33: El conocimiento fluye a través de ti. Domina la comunicación, exprésate con claridad e inspira a otros a aprender y crecer.

34: Pasos firmes construyen imperios. Adopte la practicidad, arremangarse y sentar una base sólida para sus sueños.

35: Doblarse como un sauce al viento. El cambio es inevitable, libera lo viejo, adáptate con gracia y aprovecha las nuevas oportunidades que surgen para ti.

36: El amor nutre como la tierra bañada por el sol. Nutre a tu familia, acepta la responsabilidad y deja que el amor sea la raíz de tu fuerza y alegría.

37: Escuche los silenciosos susurros internos. Tu intuición y sabiduría interior son tu brújula y te guían en tu viaje espiritual a través de la soledad y el autodescubrimiento.

38: ¡Lidera con propósito, manifiesta con poder! La abundancia espera tu fe, así que reclama tu prosperidad, asume tu liderazgo y deja tu huella en el mundo.

39: ¡Haz brillar tu luz! Guía a los demás, sirve con compasión y deja que tu espíritu humanitario marque la diferencia en el mundo.

40: Cierra un capítulo, abre el siguiente. Los finales traen lecciones, la culminación ofrece sabiduría y nuevos comienzos brillan en el horizonte. Acepta el ciclo, querida alma, y avanza con valentía hacia el futuro.

41: ¡Los ángeles te están levantando! Es hora de dar rienda suelta a tu espíritu creativo, dar ese salto profesional y pintar tu obra maestra en el mundo.

42: La armonía canta dulces melodías, amigo. Busque el equilibrio, fomente las asociaciones y deje que la cooperación sea el puente hacia sus sueños.

43: Como una hoja en el viento, abraza el cambio. Adáptate con gracia, deja atrás el pasado y confía en los nuevos comienzos que susurran la brisa.

44: Los ángeles caminan a tu lado. Sienta su apoyo, escuche sus consejos y sepa que nunca estará solo en su viaje.

45: ¡El Universo envía mensajes de Amor! Los nuevos comienzos florecen en las relaciones, confía en tu corazón y deja que el amor te guíe hacia una conexión más profunda.

46: Este mensaje habla del hogar. Cuida a tu familia, abraza la calidez de tu nido y deja que la paz interior sea tu luz guía.

47: Tu alma susurra sabiduría, escucha atentamente. Perfecciona tus dones espirituales, confía en tu intuición y deja que la sabiduría interior ilumine tu camino.

48: ¡La abundancia cae sobre ti! Cree en tu valor, manifiesta tus deseos y disfruta del reconocimiento que viene con tu espíritu brillante.

49: Abre tu corazón. Sirve a los demás con compasión, deja de lado las limitaciones y sé un faro de esperanza para la humanidad.

50: ¡Los ángeles te están dando fuerza! Libera tu poder interior, acepta el cambio y embárcate en nuevas aventuras que te convertirán en el ser magnífico que debes ser.

51: Sumérgete profundamente, querido. Confía en tu intuición, deja que la inspiración encienda tu espíritu y abraza el nuevo comienzo que te espera. Tu voz interior susurra sabiduría, escucha atentamente y sigue su luz.

52: La armonía es la música de la vida, encuéntrala en cada nota. Busque el equilibrio, fomente la colaboración y descubra su lugar único dentro de la gran orquesta de la existencia. El trabajo en equipo amplifica tu canción.

53: Deja que la creatividad fluya como un río vibrante, exprésate con audacia y comparte tus dones con el mundo. Tu voz es un faro, hazla brillar e ilumina el camino de los demás.

54: Construye tus sueños sobre una base sólida, amigo. El trabajo duro y la practicidad son los ladrillos, la conexión a tierra es el mortero y una base sólida garantiza que sus aspiraciones alcancen el cielo.

55: El cambio es la danza del universo, libérate de la rutina y deja que el espíritu salvaje de las nuevas experiencias guíe tu viaje.

56: El amor es el hogar de tu hogar, deja que caliente tu alma. Cuida a tu familia, cultiva la armonía doméstica y encuentra la paz en el abrazo de quienes te aprecian.

57: Busca los tranquilos susurros de los ángeles. Tu despertar espiritual te espera en la soledad, donde la intuición y la sabiduría interior guían tus pasos hacia la iluminación.

58: ¡El Cosmos habla de Abundancia! Cree en tu valor, manifiesta tus deseos y usa tus talentos para el bien. Dejemos que la prosperidad sea una herramienta para elevar e inspirar a otros.

59: Siente el amor de tus guías espirituales a tu alrededor. Perdónate a ti mismo y al pasado, deja ir lo que ya no te sirve y deja espacio para los nuevos comienzos que esperan florecer.

60: Sé un trabajador de la luz. Servir a los demás es tu vocación, difundir la compasión, sanar el mundo con tu toque y marcar una diferencia que se extenderá por la eternidad.

61: Sumérgete en lo más profundo de tu ser. Abrace su intuición, busque la iluminación y domine su conexión con su yo superior. Eres una chispa divina, recuerda tu poder radiante.

62: Este mensaje habla de tus deseos. Manifiesta tus sueños, aprovecha tu potencial ilimitado y da forma al mundo que deseas con cada elemento de acción e intención.

63: Deja que tu voz sea un faro de sabiduría. Comparte tu conocimiento, expresa tu verdad e ilumina el camino de los demás con tus palabras de luz únicas.

64: Los ángeles caminan contigo y sus pasos firmes allanan el camino hacia el éxito. Adopte la practicidad, organice su caos y encuentre estabilidad en los cimientos que construya. La conexión a tierra ancla tus sueños, haciéndolos volar.

65: Dóblate como el sauce al viento, adáptate con gracia. El río del cambio fluye siempre hacia adelante, libera el pasado y aprovecha las nuevas oportunidades que se arremolinan a tu alrededor.

66: Cuida el jardín de tu hogar, deja que el amor florezca en su interior. Aprecia a tu familia, crea un remanso de armonía y deja que el amor sea el sol que calienta tu alma y fortalece tus raíces.

67: Descubre tu santuario interior. Abraza la soledad, escucha tu intuición y deja que tu viaje espiritual te guíe hacia la paz interior.

68: ¡Reclama tu prosperidad! Cree en tu valor, alcanza tus metas financieras y disfruta del éxito material que refleja tu arduo trabajo y tu espíritu inquebrantable.

69: Sé un sanador, un faro de compasión. Sirve a los demás con los brazos abiertos, difunde el humanitarismo como la pólvora y deja que tus acciones reparen las grietas del mundo.

70: Cierra un capítulo, abre el siguiente. Acepta las lecciones aprendidas, libera lo que ya no te sirve y da un paso hacia el nuevo comienzo que espera en el horizonte.

71: ¡Libera al artista salvaje que llevas dentro! Los nuevos comienzos bailan en sus actividades creativas o en su carrera. Sigue tus pasiones, confía en tu fuego interior y pinta tu obra maestra en el mundo.

72: Los ángeles hablan de equilibrio en todos los aspectos de tu vida. Fomenta la cooperación y deja que tu viaje te lleve hacia aquel que resuena con tu melodía más profunda. Tu alma gemela te espera, su canción armoniza con la tuya.

73: Abraza el viento del cambio. Adáptate con gracia, confía en la brújula de tu intuición y deja ir lo que ya no te sirve. Surgen nuevas oportunidades donde la flexibilidad echa raíces.

74: Los ángeles caminan a tu lado, susurrándote apoyo y guía. Siente su presencia, confía en su mano tranquilizadora y recuerda que nunca estás solo en tu camino. Sus alas te abrazan en cada desafío.

75: ¡Abre tu corazón, alma hermosa! Los nuevos comienzos florecen en el amor y las relaciones. La vulnerabilidad es fuerza, abrázala y deja que el amor pinte tu mundo con tonos vibrantes.

76: Acoge tu espíritu en un remanso de paz, amigo. Cuida a tu familia, valora tu hogar como tu santuario y encuentra la paz interior en la calidez de tu nido. Estás a salvo, amado y sostenido para siempre.

77: Perfeccionar tus dones espirituales es el viaje interior. Abraza tu intuición, deja que la sabiduría interior ilumine tu camino y conéctate con tus guías espirituales. Susurran orientación en los momentos de tranquilidad, escuchan atentamente.

78: ¡La abundancia es una recompensa por tu espíritu inquebrantable! Cree en tu valor, manifiesta tus deseos y disfruta del reconocimiento que refleja tus logros. Eres digno, celebrado y radiante.

79: El universo te está enviando un mensaje para que liberes tus cargas. Perdónate a ti mismo y al pasado, suelta lo que te pesa y haz espacio para la abundancia que te espera.

80: ¡Levántate con la fuerza de una montaña, reclama tu poder interior! La confianza es tu corona, llévala con orgullo. Toma el control de tu vida y de tu destino con medidas audaces.

81: Sumérgete en nuevos comienzos, da ese salto de fe y manifiesta tus sueños con acciones audaces. El universo espera ser testigo de tu obra maestra.

82: La armonía es la magia de la colaboración, amigo. Busque el equilibrio, fomente el trabajo en equipo y encuentre puntos en común. Juntos, tejen una sinfonía de éxito.

83: ¡Deja que tu voz se eleve, el universo te escucha! Da rienda suelta a tu creatividad, exprésate con valentía y comparte tus dones únicos con el mundo. Tu luz ilumina el camino de los demás.

84: Construye tus sueños sobre la base de la practicidad. El trabajo duro sienta las bases y una base sólida garantiza que sus aspiraciones alcancen el cielo.

85: ¡Abraza la danza del cambio, aventurero! Adáptese con gracia, libere el pasado como las hojas de otoño y aproveche las nuevas y vibrantes oportunidades que se arremolinan a su alrededor.

86: Cuida a tus seres queridos, crea un refugio de apoyo. Deje que el amor sea el sol que calienta a su familia y construyan juntos una fortaleza de fuerza.

87: Busca los susurros silenciosos de tu interior, descubre tu santuario interior. Abraza tu espiritualidad, escucha tu intuición y conéctate con tu yo superior. La sabiduría aguarda en el silencio.

88: ¡Llueve sobre ti abundancia, recompensa a tu espíritu incansable! Cree en tu valor financiero, manifiesta tu prosperidad y logra un éxito que refleje tu arduo trabajo y tu fe inquebrantable.

89: Sé un trabajador de la luz, un faro de esperanza. El servicio a los demás es tu vocación, utiliza tus dones para marcar la diferencia y sana el mundo con tu compasión.

90: Cierra un capítulo, abre el siguiente. Acepta las lecciones aprendidas, libera lo que ya no te sirve y prepárate para los nuevos comienzos que brillan en el horizonte. El futuro es un lienzo de infinitas posibilidades, píntalo con valentía y alegría.

91: Tu intuición es una brújula que te lleva a la iluminación y la maestría. Conéctate con tu propósito divino y deja que tu luz brille como un faro para los demás.

92: Construye con visión, manifiesta tus sueños y libera tu potencial ilimitado. El mundo espera tu obra maestra, un testimonio de tu espíritu y creatividad.

93: ¡Deja que tu voz resuene en el tiempo! Comparte tu sabiduría, expresa tu verdad e ilumina el camino de los demás con tus palabras de luz únicas. Sea un maestro, un narrador, un tejedor de esperanza.

94: El universo susurra que te conectes a tierra. Adopte la practicidad, organice su caos y encuentre estabilidad en los cimientos que construya. Una mente clara y pasos firmes impulsan tu ascensión.

95: Danza con el cambio, como un sauce al viento. Adáptese con gracia, libere el pasado como las hojas de otoño y acepte los nuevos capítulos que esperan desarrollarse. El universo susurra nuevos comienzos.

96: Nutre el jardín de tu corazón, deja que el amor florezca en tu interior. Aprecia a tu familia, crea un remanso de armonía y deja que el amor sea el sol que calienta tu alma y fortalece tus vínculos.

97: Busca los susurros silenciosos de tu interior, descubre tu brújula interior. En la quietud encuentras tu verdadero norte.

98: ¡Los ángeles hablan de una recompensa económica por tu espíritu inquebrantable! Cree en tu valor, manifiesta tu máximo potencial y disfruta del éxito material que refleja tus logros. Mereces prosperidad, reclámala con gratitud.

99: Libera las cargas de tu alma. Perdónate a ti mismo y al pasado, suelta lo que te pesa y deja espacio para los nuevos comienzos que brillan en el horizonte. El perdón es la clave para desbloquear la abundancia.

100: Abraza el potencial ilimitado. Alcance metas que parecen fuera de su alcance y observe cómo su fuego arde intensamente, iluminando su camino hacia la grandeza.

101: El equilibrio florece en las asociaciones. Busque relaciones donde prospere la armonía, la comunicación nutra la conexión y el amor florezca como una rosa.

102: Los ángeles te dicen que digas tu verdad, que prendan fuego a los corazones. Tu voz auténtica tiene el poder de encender almas, desafiar perspectivas e inspirar cambios.

103: La fe es tu ancla, firme y fuerte. Deja que una fe inquebrantable te guíe a través de los desafíos y te recuerde que nunca estás solo.

104: Acepta el cambio, libérate de las limitaciones. Libera a quienes te frenan y vuela hacia un cielo lleno de posibilidades.

105: Construid un refugio de paz, un refugio para todos. Crea espacios donde las almas cansadas encuentren consuelo y las conexiones se profundicen.

106: Profundiza en tu espíritu, descubre conocimientos ocultos. Busca la sabiduría interior, explora las profundidades de tu espíritu y deja que la comprensión te guíe.

107: El universo quiere que reconozcas tu valor, un diamante en bruto. Reconoce tu valor intrínseco, el potencial que espera ser descubierto. Deja que tu valor brille intensamente.

108: Comparte tus dones, sana e inspira. Utilice sus dones para elevar a los demás, sanar espíritus e inspirarlos a abrazar su propio resplandor.

109: El cierre susurra adiós, lecciones aprendidas. Libera el pasado con gratitud por sus lecciones, preparando el terreno para nuevos comienzos.

110: Los ángeles susurran sobre infinitas posibilidades. Abraza las emocionantes puertas que tienes ante ti y entra en un mundo donde todo es posible.

111: ¡Te espera una nueva página! Los nuevos comienzos bailan con intuición amplificada, susurrando un despertar espiritual. Manifiesta tus sueños con trazos atrevidos, tu brújula interior te guía ahora.

112: El cosmos te está diciendo que manifiestes tu potencial, que dejes que tus sueños se solidifiquen en grandes estructuras. El mundo espera tu obra maestra, un testimonio de tu espíritu y tu enfoque inquebrantable.

113: ¡Deja que tu voz resuene por el cosmos! Comparte tu sabiduría, expresa tu verdad e ilumina el camino para los demás con tus palabras únicas y brillantes.

114:Cree en tu capacidad para aprender, evolucionar y superar desafíos. Acepte los fracasos como oportunidades para crecer y perfeccionar su enfoque.

115: Abraza el viento del cambio, como una hoja en la brisa. Adáptate con gracia, libera el pasado como las hojas de otoño y abraza los nuevos comienzos en el amor o las relaciones que susurran en el horizonte. El universo baila con posibilidades.

116: Nutre el jardín de tu corazón, deja que el amor florezca en tu interior. Aprecia a tu familia, crea un remanso de armonía y deja que el amor sea el sol que calienta tu alma y fortalece tus vínculos. Juntos florecen en medio de las tormentas de la vida.

117: Descubre tu santuario interior. Escuche su intuición y deje que su viaje espiritual lo guíe hacia la iluminación. En la quietud encuentras la clave de tu verdadero propósito.

118: ¡Llueve sobre ti la abundancia, recompensa a tu espíritu inquebrantable! Cree en tu valor, manifiesta tu máximo potencial y disfruta del éxito material que refleja tus logros. Mereces prosperidad, reclámala con gratitud.

119: Libera las cargas. Perdónate a ti mismo y al pasado, suelta lo que te pesa y deja espacio para los nuevos comienzos que brillan en el horizonte. El perdón es la puerta de entrada a la abundancia, abre tu corazón y recibe.

120: Los ángeles te animan a cerrar un capítulo, abrir el siguiente. El futuro es un lienzo de infinitas posibilidades, píntalo con valentía y alegría.

121: ¡Estás en el camino correcto! Los nuevos comienzos bailan en sus actividades creativas o en su carrera. Sigue tus pasiones, confía en tu fuego interior y pinta tu obra maestra en el mundo.

122: Busca el equilibrio en todos los aspectos, fomenta la cooperación y deja que tu viaje te lleve hacia aquel que resuena con tu melodía más profunda. Tu alma gemela te espera, su canción armoniza con la tuya.

123: Confía en tu brújula interior, deja que la intuición guíe tu camino. Libera los miedos que te frenan, abraza el cambio como el viento bajo tus alas. El universo susurra emocionantes aventuras, prepárate para volar.

124: Los ángeles caminan a tu lado, susurrándote apoyo y guía. Siente su presencia, confía en su mano tranquilizadora y recuerda que nunca estás solo en tu camino. Sus alas te abrazan en cada desafío.

125: ¡Abre tu corazón, alma hermosa! Los nuevos comienzos florecen en el amor y las relaciones. La vulnerabilidad es fuerza, abrázala y deja que el amor pinte tu mundo con tonos vibrantes.

126: Acoge tu espíritu en un remanso de paz. Cuida a tu familia, valora tu hogar como tu santuario y encuentra la paz interior en la calidez de tu nido. Estás a salvo, amado y sostenido para siempre.

127: Perfeccionar tus dones espirituales es el viaje interior. Abraza tu intuición, deja que la sabiduría interior ilumine tu camino y conéctate con tus guías espirituales. Susurran orientación en los momentos de tranquilidad, escuchan atentamente.

128: ¡La abundancia cae sobre ti, recompensa a tu espíritu inquebrantable! Cree en tu valor, manifiesta tus deseos y disfruta del reconocimiento que refleja tus logros. Eres digno, celebrado y radiante.

129: Sé un faro de esperanza. El servicio a los demás es tu vocación, utiliza tus dones para sanar el mundo y repara las grietas con tu compasión. Recuerda, tu luz ilumina el camino de los demás.

130: ¡Levántate con la fuerza de una montaña, reclama tu poder interior! Toma el control de tu vida y pinta tu destino con pinceladas audaces. Eres el autor de tu historia, escríbela con valentía y brillantez.

131: ¡Una nueva página te llama! Sumérgete en nuevos comienzos, toma medidas audaces y manifiesta tus sueños. El universo espera tu próximo capítulo, escrito con espíritu inquebrantable.

132: La armonía es el mensaje clave del universo. Buscar el equilibrio en todos los aspectos, fomentar la cooperación y encontrar puntos en común. Juntos, construyen una sinfonía de éxito.

133: ¡Da rienda suelta a tu voz, deja volar tu creatividad! Exprésate auténticamente, comunícate con el corazón y comparte tus dones únicos con el mundo. Tu voz inspira y eleva.

134: Ladrillo a ladrillo macizo, construye tus cimientos. Adopte la practicidad, arremanguese y siente las bases para sus ambiciosas aspiraciones. La estabilidad impulsa tu ascenso.

135: ¡Abraza los vientos del cambio! Adáptese con gracia, libere el pasado como las hojas de otoño y aproveche las nuevas y vibrantes oportunidades que se arremolinan a su alrededor. El futuro brilla con posibilidades.

136: Cuida a tus seres queridos, crea un refugio de apoyo. Deje que el amor sea el sol que calienta a su familia y construyan juntos una fortaleza de fuerza. En unidad, prosperas.

137: Abraza tu espiritualidad, escucha tu intuición y conéctate con tu yo superior. En la quietud, encuentras tu luz guía.

138: Cree en tu valor financiero, manifiesta prosperidad y reclama el éxito que merece tu arduo trabajo. Eres digno, próspero e imparable.

139: Los ángeles hablan de esperanza. Utilice sus dones para marcar la diferencia, sirva a los demás con compasión y sane al mundo con sus talentos únicos. Recuerda, tu luz ilumina el camino de los demás.

140: Este mensaje del universo es de los nuevos capítulos que esperan desarrollarse. El futuro es un horizonte ilimitado, acércate a él con valentía y optimismo.

141: Perfecciona tu intuición, busca la iluminación y domina tu conexión con tu propósito divino. Tu brújula interior te guía hacia una vida que irradia luz y significado.

142: Manifiesta tu potencial, convierte los sueños en estructuras tangibles y deja huella en el mundo. Su dedicación da forma a un futuro que inspira.

143: ¡Deja que tu voz resuene en el tiempo! Comparte tu sabiduría, expresa tu verdad e ilumina el camino de los demás con tus palabras únicas.

144: Adopte la practicidad, organice sus pensamientos y encuentre estabilidad en su carrera. Una mente clara y pasos firmes impulsan tu ascenso.

145: Danza con el cambio, como un sauce al viento. Adáptese con gracia, libere el pasado y acepte los nuevos capítulos que esperan desarrollarse. El universo susurra emocionantes aventuras.

146: Crea un remanso de calidez y armonía. Deje que el amor sea el sol que calienta a su familia y construyan juntos un hogar de fortaleza. En unidad, floreces en medio de las tormentas de la vida.

147: Busca tu conocimiento interior. Escuche su intuición y deje que su viaje espiritual lo guíe hacia la paz interior. En la quietud encuentras la clave de tu verdadero propósito.

148: ¡La abundancia es una recompensa por tu espíritu inquebrantable! Cree en tu valor, manifiesta prosperidad y reclama el éxito que merece tu arduo trabajo.

149: Los ángeles os abrazan. Perdónate a ti mismo y al pasado, suelta lo que te pesa y deja espacio para los nuevos comienzos que brillan en el horizonte. El perdón despeja el camino hacia la abundancia, abre tu corazón y recibe.

150: ¡Te espera una nueva página que te invita a nuevos comienzos! Sumérgete en el crecimiento espiritual, manifiesta tus sueños con acciones audaces y recuerda tu profunda conexión con el universo. Eres ilimitado, estás evolucionando y estás divinamente conectado.

151: ¡El florecimiento del amor se abre de nuevo! Los nuevos comienzos bailan en sus relaciones y prometen un crecimiento positivo. Confía en tu intuición, deja que tu corazón te guíe y abraza la alegría de la conexión.

152: La armonía resuena a través de la cooperación, querida alma. Buscar el equilibrio en todos los aspectos, fomentar el trabajo en equipo y encontrar compromisos. Juntos, tejen una sinfonía de éxito.

153: ¡Da rienda suelta a tu espíritu creativo, deja volar tus talentos! Exprésate auténticamente, comparte tu inspiración e irradia confianza. Eres una fuente de luz y alegría para los demás.

154:Antes de alcanzar las estrellas, asegúrese de tener una base sólida. Esto podría implicar generar estabilidad financiera, desarrollar las habilidades necesarias o cultivar relaciones de apoyo.

155: ¡Los ángeles hablan de cambio! Adáptate con gracia, libera el pasado como las hojas de otoño y capta las nuevas y vibrantes experiencias que se arremolinan a tu alrededor. El futuro brilla con posibilidades.

156: Nutre la familia, crea un refugio de seguridad y amor. Deja que el amor sea el sol que caliente tus relaciones. En la unidad se encuentra consuelo y fuerza.

157: Busca los susurros silenciosos de tu interior y conéctate con tu yo superior. En la quietud, encuentras tu luz guía.

158: ¡La abundancia financiera se acerca a ti! Confía en tu valor, manifiesta tus deseos y reclama el éxito que merece tu arduo trabajo.

159: Usa tus dones para marcar la diferencia, sirve a los demás con compasión y sana el mundo con tus talentos únicos. Recuerda, tu luz ilumina el camino de los demás.

160: Cierra un capítulo, abre el siguiente. Acepta las lecciones aprendidas, libera lo que ya no te sirve y prepárate para los nuevos comienzos que esperan desarrollarse. El futuro es un horizonte ilimitado, acércate a él con valentía y optimismo.

161: ¡Un lienzo nuevo te llama, artista! Sumérgete en nuevos comienzos en tu creatividad o carrera. Toma medidas audaces, sigue tus pasiones y pinta tu obra maestra en el mundo. Tu espíritu anhela crear, ¡desátalo!

162: La armonía canta al ritmo de la cooperación. Busque el equilibrio en todos los aspectos, fomente las asociaciones y encuentre a su alma gemela en la melodía de metas y sueños compartidos.

163: El universo dice que confíes en ti mismo. Libera la duda y la negatividad, abraza el cambio positivo y baila con el viento del destino. El universo susurra emocionantes aventuras.

164: Los ángeles caminan a tu lado, susurrándote apoyo y guía. Siente su presencia, confía en su mano tranquilizadora y recuerda que nunca estás solo en tu camino. Sus alas te abrazan en cada desafío, en cada momento de conexión con tus seres queridos.

165: ¡Abre tu corazón, deja que el amor florezca de nuevo! Los nuevos comienzos florecen en sus relaciones. La vulnerabilidad es fuerza, abrázala, sana viejas heridas con el perdón y deja que el amor pinte tu mundo con tonos vibrantes.

166: Ubicado en la calidez de la familia, encuentra tu refugio seguro. Cuida a tus seres queridos, considera tu hogar como tu santuario y descubre la paz interior en el consuelo de su abrazo. Estás a salvo, amado y sostenido para siempre.

167: Perfeccionar tus dones espirituales es el viaje interior. Abraza tu intuición, deja que la sabiduría interior ilumine tu camino y conéctate con tus guías espirituales. Susurran orientación en los momentos de tranquilidad, escuchan atentamente y liberan su potencial oculto.

168: ¡Llueve sobre ti la abundancia, recompensa a tu espíritu inquebrantable! Cree en tu valor, manifiesta prosperidad y saborea el éxito que merece tu arduo trabajo. Eres digno, celebrado y radiante, disfruta de la alegría del reconocimiento.

169: Sé un trabajador de la luz, un faro de curación. Utilice sus dones para reparar las grietas del mundo, comparta su compasión y marque la diferencia. Recuerda, tu luz ilumina el camino de los demás, tu toque trae consuelo.

170: El futuro es un horizonte ilimitado, acércate a él con valentía y optimismo. Tu crecimiento espiritual es un viaje continuo, en constante evolución y siempre iluminador.

171: ¡Una nueva página te llama! Sumérgete en nuevos comienzos, toma medidas audaces, manifiesta tus sueños y confía en tu brújula interior. Eres el arquitecto de tu destino, constrúyelo con espíritu inquebrantable.

172: La armonía es la clave. Fomente el trabajo en equipo y encuentre puntos en común. Juntos, tejen un tapiz de éxito, hilos más fuertes tejidos en colaboración.

173: ¡Da rienda suelta a tu voz única y libera tu creatividad! Exprésate auténticamente, comunícate con el corazón y comparte tu perspectiva única. Tu voz es un regalo, úsala para inspirar y animar.

174: Ladrillo a ladrillo, sienta las bases de tus aspiraciones. Adopte la practicidad, arremanguese y construya una base solida. Pasos firmes y esfuerzo inquebrantable impulsan tu ascenso.

175: Prepárate para un gran cambio. Abrázalo y libera el pasado como las hojas de otoño, y aprovecha las nuevas y vibrantes oportunidades que se arremolinan a tu alrededor.

176: Crea un refugio de apoyo para tus seres queridos. Deje que el amor sea el sol que calienta a su familia y construyan juntos un vínculo fuerte. El amor incondicional es la base de tu mayor alegría.

177: Busca los susurros silenciosos de tu interior, descubre tu santuario interior. Abraza tu espiritualidad, escucha tu intuición y conéctate con tu yo superior. En la meditación y la quietud, encuentras tu luz guía.

178: ¡La abundancia cae sobre ti, recompensa por tu espíritu incansable! Cree en tu valor, manifiesta prosperidad y expresa gratitud por tus bendiciones. Utilice su riqueza sabiamente, ya que es una herramienta para elevar y empoderar a otros.

179: Sé un trabajador de la luz, un faro de esperanza. Utilice sus talentos para marcar la diferencia, sirva a los demás con compasión y sane al mundo con sus dones únicos.

180: Libera lo que ya no te sirve y prepárate para los nuevos comienzos que brillan en el horizonte. El universo te susurra un despertar espiritual, deja que te guíe en tu viaje.

181: Sumérgete en nuevos comienzos, sigue tus pasiones con espíritu ardiente y pinta tus sueños en el mundo. Tu creatividad es un faro que ilumina tu camino e inspira a otros.

182: Busca el equilibrio en todos los aspectos, fomenta la cooperación y encuentra a tu alma gemela en la melodía de metas y sueños compartidos. Juntos, su canción crea una hermosa sinfonía.

183: Confía en tu brújula interior, deja que la intuición guíe tu camino. Libera miedos y abraza nuevos comienzos con entusiasmo infantil y baila con el viento del destino.

184: Los ángeles caminan a tu lado, susurrándote apoyo y guía. Siente su presencia, confía en su mano tranquilizadora y recuerda que nunca estás solo en tu camino. Sus alas te abrazan en cada desafío, aumentando tu confianza y fe en ti mismo.

185: ¡Abre tu corazón, deja que el amor florezca de nuevo! Los nuevos comienzos florecen en sus relaciones. La vulnerabilidad es fuerza, abrázala, sana viejas heridas con perdón y amor.

186: Ubicado en la calidez del hogar, encuentra tu santuario. Cuide a sus seres queridos, considere a la familia como su refugio y descubra la paz interior en la comodidad de la simplicidad. En los momentos de tranquilidad, la alegría florece en medio de las tormentas de la vida.

187: Perfeccionar tus dones espirituales es el viaje interior. Abraza tu intuición, deja que la sabiduría interior ilumine tu camino y conéctate con tus ángeles.

188: ¡Llueve sobre ti la abundancia, recompensa a tu espíritu inquebrantable! Cree en tu valor, manifiesta prosperidad y celebra tus logros con orgullo.

189: Usa tus talentos para reparar las grietas del mundo, comparte tu compasión y marca la diferencia. Recuerda, tu luz ilumina el camino de los demás, tu toque trae consuelo.

190: Cierra un capítulo, abre el siguiente. El futuro es un horizonte ilimitado, acércate a él con valentía y optimismo. Tu crecimiento espiritual es un viaje continuo, en constante evolución y siempre iluminador.

191: Una nueva página brilla, querido. Toma el bolígrafo, confía en tu mano y escribe tu historia de nuevo. El cosmos susurra: "Cree en tus sueños y florecerán".

192: Busca el equilibrio, teje hilos de colaboración y encuentra fuerza en el tapiz de objetivos compartidos. Recuerde, muchas manos construyen montañas.

193: Deja que tu voz resuene, única y vibrante. Comparte tus colores con el mundo, pinta tus verdades con pinceladas atrevidas. Tu perspectiva es una joya preciosa, déjala brillar.

194: Fundamenta tus sueños en la base del esfuerzo. Construya una base sólida y observe cómo sus aspiraciones se elevan como torres contra el amanecer. El trabajo duro es el polvo mágico del logro.

195: Libera el pasado, deja ir lo que ya no sirve y entra en la danza vibrante de las nuevas posibilidades. El futuro susurra secretos en el susurro de las hojas.

196: Los ángeles te recuerdan que el hogar es donde el alma encuentra consuelo.

197: Tus guías espirituales te instan a encontrar la paz en los momentos tranquilos de la meditación. Busca el silencio interior, donde la sabiduría susurra secretos a tu alma.

198: La abundancia fluye como un río, recompensa por tu corazón abierto y tu espíritu incansable. Confía en tu valor, deja que florezca la prosperidad y recuerda compartir el agua, porque la verdadera riqueza está en dar.

199: Tus dones son como la luz de las estrellas, destinados a iluminar el mundo. Úselos para reparar las grietas, sanar los heridos y marcar la diferencia.

200: Libera lo que ya no sirve, abraza la sabiduría que has adquirido y prepárate para el despertar espiritual que te espera. El universo susurra: "Estás en constante evolución, en constante transformación".

201: Cruza el umbral de tu zona de confort, actúa y manifiesta tus sueños. Las estrellas susurran: "Atrévete a volar y el cosmos te atrapará".

202: ¡La colaboración es tu clave! Busque el equilibrio, escuche a los demás y encuentre puntos en común. Recuerde, incluso las estrellas brillan más juntas.

203: Tus ángeles están enviando un mensaje para explorar tus talentos. Tu creatividad es un regalo, úsala para inspirar.

204: Arraiga tus sueños en la tierra del trabajo duro. Plante sus aspiraciones y obsérvelas florecer como jardines celestiales. Recuerde, la dedicación es el fertilizante del éxito.

205: Libera el pasado, suelta lo que ya no sirve y explora nuevas experiencias. ¡El próximo capítulo promete ser emocionante!.

206: El Universo te recuerda que hagas de la familia una prioridad, deja que el amor sea el sol que caliente a tus seres queridos. Crea un refugio de apoyo y amor incondicional.

207: Busca los espacios silenciosos del interior, donde resuenan los susurros de la sabiduría antigua. Conéctate con tu yo superior, confía en tu intuición y profundiza en los secretos del universo a través de la quietud.

208: ¡La abundancia fluye hacia ti! Confía en el ritmo de la riqueza, manifiesta tu prosperidad y recuerda que el universo se hará eco de tus vibraciones positivas.

209: Tus ángeles te instan a compartir tus dones con el mundo. No ocultes tus talentos.

210: Cada capítulo contiene sus lecciones, cada final susurra nuevos comienzos. Libera lo que ya no sirve, abraza la sabiduría que has adquirido y prepárate para la odisea espiritual que te espera.

211: ¡Un lienzo nuevo se extiende ante ti! Sigue las pinceladas de tu pasión, pinta tu propósito en el mundo con tonos vibrantes.

212: La armonía zumba en la melodía de la asociación, querido. Busca el equilibrio y la comprensión, y encuentra a tu alma gemela al ritmo de los objetivos compartidos.

213: Confía en los susurros de tu corazón, deja que la intuición sea tu brújula. Libera el miedo como una pluma al viento y abraza nuevos comienzos.

214: Los ángeles caminan a tu lado, sus alas alejan la duda. Siente su apoyo, escucha su guía y cree en la fuerza que llevas dentro. Recuerda, nunca estás solo, ni siquiera en los rincones más oscuros del cielo.

215: Abre tu corazón, deja que el amor pinte un nuevo amanecer en tus relaciones. Sana viejas heridas con el perdón, como la luz de la luna borra las sombras. La vulnerabilidad es fuerza, abrázala y observa cómo el amor florece como constelaciones en tu alma.

216: Ubicado en la calidez del hogar, encuentra tu santuario. Cuida a tus seres queridos, deja que la familia sea la luz de las estrellas en tu refugio y descubre la paz interior en los momentos tranquilos de unión.

217: Perfecciona tus dones celestiales, porque son susurros de tu sabiduría interior. Conéctate con tus guías espirituales, busca consuelo en la meditación y escucha los secretos que el universo comparte en la quietud.

218: El universo enviará una recompensa por tu espíritu inquebrantable. ¡Tus manifestaciones de abundancia darán sus frutos con tu arduo trabajo y acciones alineadas!

219: ¡Tus ángeles te levantan y aplauden tus esfuerzos! ¡Tu estás en el camino correcto!

220: Deja de preocuparte por el pasado. Hay un futuro tan brillante por delante una vez que dejas atrás el pasado.

221: Profundice su conexión espiritual a través de la oración, la meditación o pasando tiempo en la naturaleza. Pide orientación y apoyo, y confía en que tus ángeles siempre estarán contigo.

222: Los ángeles susurran sobre unión. Busque el equilibrio, teje hilos de unidad y encuentre fuerza en el tapiz de objetivos compartidos. La cooperación, tanto personal como profesional, es clave

223: Di tu verdad y deja de ocultar tu verdadero yo. Los ángeles te elevan alto. ¡Se Orgulloso de ti mismo!

224: Fundamenta tus sueños en la base del esfuerzo. Ladrillo a ladrillo firme, construye una base para tus aspiraciones y observa cómo se elevan como torres contra el amanecer cósmico.

225: Acepta los vientos del cambio, como un cometa que cruza el cielo. Libera el pasado, deja ir lo que ya no sirve y vuela hacia las vibrantes constelaciones de nuevas posibilidades.

226: Crea un refugio de apoyo para tus seres queridos donde las raíces crezcan fuertes y los corazones estén llenos de amor incondicional.

227: Busca los espacios tranquilos de tu interior, donde resuenan los susurros de la sabiduría celestial. Conéctate con tu yo superior, confía en tu intuición y profundiza en los secretos del universo a través de la quietud. Recuerde, el conocimiento se esconde en los rincones tranquilos de su alma.

228: La abundancia fluye como un río celestial, atraída por tu corazón abierto y tu espíritu ilimitado. Confía en el ritmo de la riqueza, manifiesta tu prosperidad y recuerda, compartir sus aguas hace que la marea suba para todos.

229: Tus regalos son como polvo de estrellas, destinados a reparar las grietas del mundo. Úselos para brindar consuelo, marcar la diferencia y sanar a los que sufren. Tu compasión es un faro que guía a otros hacia una constelación más brillante.

230: Cada final es un nuevo comienzo, una supernova que da origen a nuevas estrellas. Libera lo que ya no sirve, abraza la sabiduría que has adquirido y prepárate para la odisea espiritual que te espera.

231: ¡El universo te insta a seguir tus sueños!

232: Siente cómo los ángeles se abrazan. Busca el amor dentro de ti y te llevará a tu alma gemela.

233: Algo nuevo y emocionante está en el horizonte. El universo bulle con los secretos de la aventura, escuche atentamente.

234: Los ángeles caminan a tu lado, sus alas alejan la duda. Siente su apoyo, escucha su guía y confía en la fuerza que llevas dentro.

235: Abre tu corazón, deja que el amor pinte un nuevo amanecer en tus relaciones. Sana viejas heridas con el perdón, como la luz de la luna borra las sombras. La vulnerabilidad es fuerza, abrázala y observa cómo el amor florece como constelaciones en tu alma.

236: Ubicado en la calidez del hogar, encuentra tu santuario. Cuida a tus seres queridos, deja que la familia sea la luz de las estrellas en tu refugio y descubre la paz interior en los momentos tranquilos de unión.

237: Perfecciona tus dones celestiales, porque son susurros de tu sabiduría interior. Conéctate con tus guías espirituales, busca consuelo en la meditación y escucha los secretos que el universo comparte en la quietud.

238: Llueve sobre ti la abundancia, recompensa a tu espíritu inquebrantable. Confía en tu valor, deja que la prosperidad baile como meteoros en tu cielo y celebra tus logros con la risa de las estrellas.

239: Tus talentos están destinados a reparar las grietas del mundo. Úselos para sanar a los que sufren, marcar la diferencia y brindar consuelo con su compasión.

240: Cada capítulo contiene sus lecciones, cada final susurra nuevos comienzos. Libera lo que ya no sirve, abraza la sabiduría que has adquirido y prepárate para la metamorfosis espiritual que te espera.

241: Se avecinan cambios. Los ángeles dicen que confíen en el viaje. Todo saldrá bien.

242: Busca el equilibrio y la colaboración en tu vida profesional. Esto conducirá al avance.

243: Comparte tu perspectiva con confianza y serás recompensado. Tu voz es una joya preciosa, déjala inspirar.

244: ¡Tus ángeles aplauden tu arduo trabajo! Sigue construyendo tu futuro con este flujo constante de positividad y harás realidad tus sueños.

245: Acepta los vientos del cambio. Libera el pasado, suelta lo que ya no sirve y baila con nuevas posibilidades.

246: Recuerda nutrir tus relaciones, tanto de amigos como familiares. Muéstrales el amor incondicional que sientes y te lo devolverán.

247: Conéctate con tu yo superior a través de la meditación, el yoga o un simple momento de tranquilidad. Confía en tu intuición y profundiza en los secretos del universo a través de la quietud.

248: La riqueza fluye hacia ti, manifiesta tu prosperidad y recuerda mostrar gratitud por toda la abundancia en tu vida.

249:Utilice sus talentos únicos para reparar daños y brindar consuelo. Genere un impacto positivo y ofrezca consuelo a quienes lo necesitan. Deja que tu empatía guíe a los demás hacia una realidad más esperanzadora.

250:Los ángeles te están guiando para que aproveches tu sabiduría interior y tomes decisiones basadas en tus instintos en lugar de en el miedo o la duda.

251:SSe avecinan transformaciones significativas y estás bien equipado para manejarlas. Esté abierto a nuevas oportunidades, acepte los flujos y reflujos de la vida y confíe en que todos los cambios conducirán en última instancia a su mayor bien.

252: La armonía canta al ritmo de la asociación, querido. Busca el equilibrio, teje hilos de comprensión y encuentra a tu alma gemela en la danza de los objetivos compartidos. Recuerde, dos estrellas brillan más en una dualidad armoniosa.

253:Antes de emprender cualquier nuevo viaje, cultive la paz y la estabilidad interiores. La meditación, pasar tiempo en la naturaleza y conectarse con sus seres queridos pueden ayudar.

254: Los ángeles caminan a tu lado, sus alas ofrecen un apoyo inquebrantable. Siente su guía, escucha sus susurros tranquilizadores y cree en la fuerza que llevas dentro. Recuerde, su aliento susurra esperanza en cada paso.

255:Tus ángeles te instan a aceptar el cambio como una fuerza positiva en tu vida. Es hora de dejar atrás viejos patrones, creencias y hábitos que ya no te sirven y abrirte a nuevas posibilidades y experiencias.

256:Tus ángeles te aseguran que tus necesidades materiales y espirituales están siendo atendidas. Ten fe en el plan divino y libera cualquier preocupación o temor sobre tus finanzas o tu bienestar.

257: Perfecciona tus dones celestiales, porque son susurros de tu sabiduría interior. Conéctate con tus guías espirituales, busca consuelo en la meditación y profundiza tu conexión con el universo a través de la quietud.

258:El Universo está conspirando para traerte abundancia en todas sus formas. Esto podría ser prosperidad financiera, realización creativa o abundancia de amor y apoyo. Confía en que mereces abundancia y ábrete a recibirla.

259: Los ángeles dicen que liberemos el pasado.Esto podría ser cualquier cosa, desde creencias limitantes y hábitos negativos hasta relaciones poco saludables y posesiones materiales obsoletas. Libera el apego y crea espacio para nuevos comienzos.

260: Los guías espirituales susurranque se avecinan cambios positivos. Esté abierto a nuevas oportunidades y abrácelas con una actitud positiva.

261: ¡Te espera un nuevo comienzo! Toma la iniciativa, confía en ti mismo, manifiesta tus sueños. El cosmos dice: "Cree en tu propio poder y él iluminará tu camino".

262: La armonía prospera en la cooperación. Busque el equilibrio, encuentre puntos en común, trabajemos juntos. Recuerde: más fuerte como uno, no solo.

263: Comparte tu voz única, de forma auténtica. Exprésate con confianza, tu perspectiva importa. Sé fiel a ti mismo, inspira a otros.

264: Construye tus sueños a base de trabajo duro. Ladrillo a ladrillo, crea una base sólida y logra tus objetivos. La estabilidad es tu ancla, la conexión a tierra tu guía.

265:Sal de tu zona de confort y acepta nuevos desafíos y oportunidades. Los ángeles te están apoyando para expandir tus horizontes y descubrir nuevas dimensiones de ti mismo.

266: El amor es el refugio de tu familia. Cuídalos, crea un espacio de apoyo, ama incondicionalmente. La unidad es tu fuerza, el canto de tu alma.

267: Busca la sabiduría interior, conéctate con tu yo superior. Confía en la intuición, escucha la guía, ten fe. La quietud revela tu camino, tu voz interior habla.

268: Abre tu corazón a la abundancia. Confía en el flujo de la riqueza, manifiesta tu prosperidad, comparte sabiamente. La gratitud pinta tu camino, la generosidad tu luz guía.

269: Usa tus talentos para marcar la diferencia. Sana, trae consuelo y muestra compasión. Su espíritu humanitario brilla, haciendo del mundo un lugar más brillante.

270:Los ángeles te alientan a encontrar el equilibrio en tu vida, tanto interna como externamente. Esto incluye equilibrar su vida laboral y personal, mantener relaciones saludables y cuidar su bienestar físico y mental.

271:Escucha a tu voz interior. Su intuición es la clave para afrontar los cambios y tomar decisiones positivas. No descarte sus corazonadas y acepte la orientación que le ofrecen.

272: La armonía prospera en el compromiso, querido. Busque el equilibrio, encuentre puntos en común y teja un tapiz de objetivos compartidos. Recuerde: la colaboración construye puentes, no muros.

273:Tu voz interior te guía hacia caminos positivos. Presta atención a tus instintos y actúa con fe y claridad.

274:Tus pensamientos e intenciones tienen poder. Aférrate a tus sueños con fe inquebrantable y recuerda que el Universo está conspirando para ayudarte a alcanzarlos.

275:Preste mucha atención a su voz interior, sus corazonadas y sus sueños. Tu intuición te guía hacia el camino y las elecciones correctas. Tenga fe en su capacidad para tomar las mejores decisiones por sí mismo.

276:Examina tu camino actual y pregúntate si se alinea con tu verdadera vocación. Si no, es hora de hacer ajustes y perseguir lo que realmente resuena en tu alma.

277: En medio de los cambios externos, mantén la estabilidad interior y una base sólida. Confía en tu intuición y toma decisiones basadas en tu sabiduría interior.

278:Tus ángeles te instan a confiar en el plan divino y el desarrollo de los acontecimientos. Mantén una actitud positiva, libera dudas y deja que tu intuición te guíe hacia las decisiones correctas.

279:Ante usted se abren nuevas oportunidades y capítulos apasionantes. Sal de tu zona de confort, mantente abierto a nuevas ideas y permítete explorar territorios inexplorados.

280: Estoes un recordatorio de que estás en un viaje espiritual y que tus experiencias te están ayudando a evolucionar. Manténgase abierto a aprender y crecer a partir de desafíos y reveses.

281: ¡Un nuevo lienzo te llama, artista! Enciende pasiones, persigue un propósito, expande la creatividad. Florece con valentía, llena el universo con tu luz.

282: La armonía prospera en la asociación. Busca el equilibrio, teje el entendimiento, encuentra tu alma gemela en objetivos compartidos. Dos estrellas brillan más juntas.

283:La transformación es esencial para el crecimiento. Esté abierto a nuevas oportunidades, deje de lado patrones obsoletos y dé la bienvenida a los cambios positivos en su vida.

284: Los ángeles caminan a tu lado, ofreciéndote un apoyo inquebrantable. Siente su guía, cree en tu fuerza. La esperanza resuena en cada paso.

285:Abraza tu individualidad y expresa tu verdadero yo sin miedo a ser juzgado. Abrace sus talentos, dones y pasiones únicos y compártalos con el mundo.

286:El cambio es a menudo un catalizador del crecimiento. Acepta nuevas oportunidades y desafíos con una actitud positiva, sabiendo que te están llevando hacia una vida más plena.

287: Presta atención a tu intuición y guía interior. Tus pensamientos y deseos tienen poder, así que concéntrate en visualizar y manifestar tus intenciones positivas.

288:Los ángeles te alientan a colaborar con otros, compartir tus dones y construir asociaciones sólidas. Cuando trabajan juntos, pueden lograr mayores cosas que por su cuenta.

289: Este mensaje te insta a profundizar tu conexión con tu yo superior y lo divino. Participe en prácticas espirituales como la meditación, la oración o pasar tiempo en la naturaleza.

290:Los ángeles te están impulsando a colaborar con otros o unir fuerzas hacia un objetivo común. Recuerde, el trabajo en equipo puede traer mayor éxito que hacerlo solo.

291: Hazte cargo, confía en ti mismo, manifiesta tus sueños. El cosmos dice: Cree en tu poder, él guía tu camino.

292: La armonía prospera en la colaboración. Busque el equilibrio, encuentre puntos en común, trabajemos juntos. Más fuertes unidos, no solos.

293: Los ángeles te instan aCanaliza tu energía en actividades creativas que te brinden alegría y expresen tus talentos únicos. Tu creatividad puede ser una poderosa herramienta de manifestación.

294:No se limite a visualizar y esperar.Los ángeles te instan a tTome medidas de acción enfocadas, impulsadas por su intuición y alineadas con su propósito más elevado. La perseverancia y el trabajo duro son claves para manifestar tus deseos.

295:Deja de lado el miedo, las dudas y cualquier creencia limitante que te frene. Los ángeles te alientan a creer en ti mismo, en tus habilidades y en las posibilidades que te esperan.

296:Fomente el amor, la compasión y la comprensión en sus relaciones con los demás. Cree un ambiente hogareño armonioso y priorice el tiempo de calidad con sus seres queridos.

297: Se están desarrollando cambios positivos que lo llevarán hacia una mayor alineación con su propósito. Acepta estos cambios con el corazón abierto y confía en que son para tu mayor bien.

298: Abre tu corazón a la abundancia. Confía en el flujo de la riqueza, manifiesta tu prosperidad, comparte sabiamente. La gratitud pinta tu camino, la generosidad tu luz guía.

299: Usa tus talentos para marcar la diferencia. Sana, trae consuelo y muestra compasión. Su espíritu humanitario brilla, haciendo del mundo un lugar más brillante.

300: Los ángeles recuerdanla importancia de escuchar su voz interior y tomar decisiones basadas en intuiciones en lugar de presiones externas. Es un recordatorio para conectarte con tu yo superior y buscar la guía de tu sabiduría y conocimiento interior.

301:Invierte en tu desarrollo personal. Aprenda nuevas habilidades, amplíe sus conocimientos y fomente su bienestar físico y emocional.

302: La armonía prospera en la colaboración, querido. Busque el equilibrio, encuentre puntos en común, teja un tapiz de objetivos compartidos. Recuerde: más fuertes juntos, integrados, no divididos.

303: Da rienda suelta a tu espíritu creativo, comparte tus dones con el mundo. Exprésate con confianza, encuentra tu voz única, pinta tus historias con optimismo. ¡Tu visión inspira, enciende el mundo!

304:Mientras persigues tus sueños, no descuides los cimientos de tu vida. Mantenga el equilibrio en sus relaciones, finanzas y salud para crear una plataforma sólida para su expansión.

305: Abraza los vientos del cambio, suelta lo que ya no sirve. Nuevas oportunidades bailan en el horizonte, recíbelas con los brazos abiertos.

306:Recuerde cuidar de sus propias necesidades físicas, emocionales y espirituales. Participe en actividades que le brinden alegría y paz, y priorice su bienestar.

307: Este es un momento de introspección y crecimiento espiritual. Conéctate con tu yo superior, busca conocimiento y embárcate en un viaje de autodescubrimiento.

308:No esperes simplemente a que la abundancia caiga en tu regazo. Toma medidas inspiradas, establece metas claras y expresa tus intenciones en el Universo. Tus pensamientos y acciones crean tu realidad, así que elígelos sabiamente.

309:Utilice sus talentos y dones para generar un impacto positivo en el mundo. Practica la empatía, ofrece bondad y contribuye a causas cercanas a tu corazón.

310: Libera el pasado, acepta las lecciones aprendidas y prepárate para la expansión ilimitada que te espera. El despertar espiritual no es un destino, sino un viaje de luz en constante evolución. Asciende a tu máximo potencial.

311:Cree en ti mismo y en tu potencial. Mantente optimista, cultiva la gratitud y confía en que el universo está trabajando a tu favor. Tu energía positiva atraerá resultados positivos.

312: La armonía resuena en el dúo de la sociedad. Busca el equilibrio, teje hilos de comprensión, encuentra a tu alma gemela en la danza de los objetivos compartidos. Recuerde: dos estrellas brillan más en una dualidad armoniosa, siempre conectadas.

313:Vea sus metas y sueños claramente en su mente. La visualización positiva combinada con una acción enfocada puede ayudarte a manifestar tus deseos.

314:No tienes que recorrer este camino solo. Trabaje con otras personas que compartan su visión, busque orientación de mentores y confíe en el apoyo del Universo.

315:Mantenga una mentalidad positiva y concéntrese en las cosas buenas de su vida. Confía en que los cambios que estás experimentando te están llevando hacia un camino más satisfactorio y alineado.

316:Preste atención a su guía interior y a sus instintos. Su intuición a menudo está alineada con el propósito de su alma y puede proporcionarle ideas valiosas..

317: Conéctate con tus guías espirituales, busca consuelo en la meditación, profundiza tu conexión cósmica con el universo.

318:Mientras buscas la abundancia, no descuides tu paz interior y tu bienestar. Practica el cuidado personal, nutre tus relaciones y encuentra la alegría en el momento presente.

319:Mientras acepta el cambio y busca el crecimiento personal, recuerde fomentar la paz interior y mantener relaciones saludables. Encuentre alegría en el momento presente y afronte los desafíos con gracia.

320:Este mensaje significa un período de transformación y nuevos comienzos. Le anima a aceptar cambios positivos y adaptarse a nuevas circunstancias con una mente abierta y una actitud positiva.

321: ÁngelesTe animamos a fortalecer tu conexión espiritual. La meditación, la oración y pasar tiempo en la naturaleza pueden ayudarte a aprovechar tu sabiduría interior y recibir guía de tus ángeles.

322: La armonía canta en la danza de la colaboración. Encuentra puntos en común, teje hilos de trabajo en equipo y deja que florezca la armonía social.

323:Trabaje junto con personas con ideas afines que apoyen sus objetivos. La armonía y la cooperación pueden amplificar sus intenciones positivas.

324:Una actitud positiva atrae energía positiva y alimenta tu viaje de manifestación. Concéntrate en lo bueno, supera las dudas y mantén tu fe encendida.

325:Nutre tu conexión con tus ángeles y guías espirituales. Solicite su orientación, apoyo y protección mientras navega por el cambio y el crecimiento personal.

326: El universole asegura que los cambios que se están desarrollando en su vida están alineados con su mayor bien, incluso si se sienten desafiantes.

327: Esfuércese por lograr el equilibrio en todas las áreas de su vida, incluido el trabajo, las relaciones y el bienestar personal. Mantenga la paz interior y la armonía en medio de las fluctuaciones externas.

328: La abundancia fluye hacia tu corazón abierto y espíritu agradecido. Comparte tu riqueza sabiamente, expande tu conciencia de abundancia e ilumina el mundo con generosidad.

329:Incluso en medio de momentos de incertidumbre, sepa que el Universo lo está guiando hacia su mayor bien. Libere el miedo y las ansiedades y confíe en que todas las experiencias, incluso las desafiantes, están sirviendo en su viaje.

330: El universoenfatiza la importancia de encontrar el equilibrio en su vida, tanto interna como externamente. Le recuerda que debe construir relaciones saludables, buscar la cooperación y mantener la paz dentro de usted mismo.

331: Enciende tus pasiones, persigue tu propósito, expande tu creatividad y autoexpresión. El cosmos susurra: Florece con valentía y tu luz pintará el universo.

332:Los ángeles te aseguran que estás en el camino correcto y te apoyan en tu viaje. Confíe en su guía y manténgase optimista.

333:Agradece las bendiciones en tu vida y la guía que recibes de tus ángeles. La gratitud atrae más abundancia y alegría.

334:El Universo tiene su propio momento perfecto. Sea paciente, confíe en el proceso y sepa que todo se desarrolla exactamente como debería.

335:Prepárese para cambios significativos en su vida personal o profesional. Estos cambios, aunque parezcan desalentadores, están guiados divinamente y lo impulsarán hacia un futuro mejor. Confía en el proceso y abraza lo desconocido con entusiasmo.

336: No te resistas a las transformaciones que se están produciendo. Abrázalos con el corazón y la mente abiertos, sabiendo que te llevarán por un camino más satisfactorio y alineado.

337: Construir relaciones sólidas y de apoyo basadas en la confianza y la cooperación. Trabaja junto con otros para lograr tus objetivos y manifestar tus deseos colectivos.

338:La verdadera abundancia implica no sólo recibir sino también dar. Comparte tus bendiciones con los demás, expresa gratitud y cultiva un espíritu generoso.

339: ¡Tus ángeles te animan!Tu intuición te está guiando en la dirección correcta. Preste atención a sus instintos, sueños y empujones internos. Te conducirán hacia el camino del crecimiento y la realización personal.

340: Cada capítulo contiene lecciones, cada final susurra nuevos comienzos. Libera lo que ya no sirve, abraza la sabiduría, prepárate para la odisea espiritual. El crecimiento es una danza cósmica, en constante expansión y en constante ascenso.

341:Los ángeles te recuerdan que debes confiar en el plan divino y tener fe en tus habilidades. Están con usted en su viaje y lo guiarán a través de cualquier desafío.

342:Los ángeles te alientan a perdonar, seguir adelante y aceptar nuevas posibilidades.

343:Antes de emprender cualquier viaje, encuentra la quietud dentro de ti mismo. Deja ir las ansiedades y las dudas y conéctate con tu sabiduría interior. Esto guiará tus acciones y atraerá experiencias positivas.

344: Este mensaje recuerda usted de su fuerza y potencial inherentes. Cree en tus habilidades, confía en tu intuición y da un paso adelante con confianza.

345:Este es el momento de asumir tu poder y liberar tus talentos y dones únicos. No tengas miedo de expresarte auténticamente y perseguir tus pasiones con confianza inquebrantable. Recuerda, ¡naciste para brillar!

346: Este mensaje te anima a perseguir lo que realmente enciende tu alma y a confiar en que el Universo apoyará tus esfuerzos.

347:Tu voz interior es tu mejor guía. Preste mucha atención a sus corazonadas, sueños y empujones intuitivos, ya que contienen información valiosa para su viaje.

348: La abundancia fluye hacia tu corazón agradecido y tu espíritu abierto. Comparte sabiamente, expande tu conciencia, ilumina el mundo.

349: Los talentos sanan el mundo, usa los tuyos con compasión. Marca la diferencia, la empatía es tu luz, ilumina el camino de los demás.

350: ÁngelesTe animamos a explorar tu espiritualidad, abrazar tus valores y conectarte con lo divino.

351:Se acerca un período de crecimiento y transformación. Esté abierto a nuevas experiencias, deje de lado lo que ya no le sirve y acepte los cambios positivos que se le presenten.

352: Esto esuna señal de tus ángeles para abrazar tus talentos creativos y usarlos para traer luz y positividad a tu vida.

353: El universo te lo recuerdaesa transformación es inevitable y, a menudo, comienza desde dentro. Esté abierto a nuevas ideas, perspectivas y experiencias. Deja de lado las creencias limitantes y alcanza todo tu potencial.

354: Los ángeles caminan a tu lado, sus alas ofrecen un apoyo inquebrantable. Siente su guía, cree en tu fuerza, sabe que estás divinamente conectado.

355: El universote empuja a conectarte con tu sabiduría interior y descubrir tu verdadero propósito en la vida. Escuche su intuición, explore nuevos caminos y no tenga miedo de liberarse de las creencias limitantes que lo frenan.

356: Encuentra tu santuario en la calidez del hogar y la comunidad. Cuida a tus seres queridos, deja que la alegría florezca en la sencillez. La paz interior susurra en los momentos tranquilos de unión, creando un refugio seguro para todos.

357: Los ángeles dicenque estás en el camino correcto y logrando avances positivos en tu vida. Te anima a mantenerte concentrado y motivado, confiando en que tus esfuerzos darán frutos.

358:Tus pensamientos y acciones positivas están atrayendo abundancia a tu vida. Esté abierto a recibir bendiciones de diversas formas, no sólo posesiones materiales.

359:El cambio es inevitable y a menudo conduce a mayores oportunidades. Esté abierto a nuevas experiencias, libere lo que ya no le sirve y confíe en que los cambios son para su mayor bien.

360: esto esuna señal de que sus pensamientos e intenciones positivas se están manifestando en la realidad. Manténgase enfocado en sus objetivos y mantenga una actitud positiva para atraer abundancia y éxito.

361:Tu voz interior contiene sabiduría y guía. Presta atención a tu intuición y confía en su dirección.

362: Esté abierto a nuevas oportunidades y desarrollos emocionantes en su vida. Confía en que estos cambios son guiados divinamente y te llevarán a una mayor realización.

363:Tus pensamientos e intenciones tienen poder. Concéntrate en la positividad, visualiza tus objetivos y toma medidas inspiradas. El Universo está conspirando para ayudarte a lograr tus deseos.

364:El cambio es inevitable, pero también es una oportunidad de crecimiento. Aproveche nuevas oportunidades, aprenda de los desafíos y deje atrás las limitaciones del pasado.

365: Acepta el cambio, suelta las ataduras del pasado. Las nuevas oportunidades bailan, recíbelas con los brazos abiertos, transfórmate y evoluciona.

366: yoInvierta tiempo y energía en fomentar conexiones sólidas con sus seres queridos, ofrecerles apoyo y resolver cualquier conflicto con un espíritu de perdón.

367:El universo te anima a tomar medidas inspiradas para alcanzar tus metas y deseos. Cree en tu capacidad para manifestar tus sueños y toma medidas constantes para lograrlos.

368:Concéntrese en sus metas y deseos con una creencia inquebrantable. Tome medidas inspiradas, sea constante y confíe en que el Universo está conspirando para hacer realidad sus sueños.

369:Invierte en ti y en tu desarrollo. Aprenda nuevas habilidades, explore sus pasiones y desafíese a sí mismo para ampliar sus horizontes. El crecimiento personal conduce a una mayor conciencia de uno mismo y a una vida más plena.

370: ÁngelesLe insto a que libere cualquier negatividad o carga del pasado que pueda estar frenándolo. Perdónate a ti mismo y a los demás, y sigue adelante desde cero.

371:Hazte cargo, manifiesta sueños y confía en tu fuego interior. La autosuficiencia guía tu camino, la independencia tus alas.

372: La armonía canta en la danza de la colaboración. Encuentre puntos en común, teje hilos de comprensión, deje que florezca la armonía social. La integración lo fortalece todo, el compromiso dibuja un tapiz vibrante.

373:Utilice sus talentos y dones para generar un impacto positivo. Comparte tus ideas, participa en actividades que te brinden alegría y deja que tu luz interior brille.

374:Antes de embarcarse en nuevas empresas, asegúrese de tener una base sólida. Establezca metas realistas, trabaje con diligencia y cree una estructura que respalde su crecimiento.

375:Deja ir todo lo que ya no te sirve, ya sean relaciones pasadas, emociones negativas o hábitos limitantes. Perdónate a ti mismo y a los demás, y haz espacio para que florezcan nuevas experiencias y oportunidades.

376: Cultive un entorno propicio y enriquecedor donde usted y sus seres queridos puedan prosperar.

377:Este mensaje divino significa que estás a punto de descubrir tu verdadero propósito. Busca oportunidades de autodescubrimiento y conéctate con tu sabiduría interior para encontrar tu camino único.

378:A veces, es posible que las cosas no se desarrollen tan rápido como esperas. Confía en que el Universo tiene un plan perfecto para ti y entrégate al fluir de la vida con paciencia y fe.

379:Descubre y persigue el propósito de tu vida. Reflexiona sobre tus valores, talentos y aspiraciones. ¿Cómo puedes usarlos para servir a los demás y generar un impacto positivo en el mundo?

380:Tome medidas inspiradas para alcanzar sus objetivos. Confía en tus instintos, pero no temas dar el salto y hacer realidad tus sueños.

381: Enciende tus sueños, persigue tu propósito, expande tu espíritu creativo. La autoexpresión y la confianza son tus alas, pinta tu obra maestra en el lienzo del universo.

382: La armonía canta en el dúo de la sociedad, querido. Busca el equilibrio, teje hilos de comprensión, encuentra a tu alma gemela en el ritmo compartido de las metas. Recuerde: en el compromiso y la conexión, dos llamas arden con más fuerza. Las relaciones florecen en el jardín de la dualidad.

383: Abraza nuevos comienzos con la mente abierta, alineada con los susurros del universo. La fe guía tus pasos, la emoción alimenta tu viaje.

384: Mantén el camino. La presencia angelical susurra tranquilidad, el aliento fluye con cada respiración.

385:Recuerde, incluso en tiempos difíciles, el Universo lo respalda. Manténgase positivo, confíe en el flujo divino y sepa que se avecinan cosas buenas. Concéntrate en la gratitud y aprecia las bendiciones que ya existen en tu vida.

386: Tus ángeles te están apoyando estrechamente durante este período de cambio. Confía en su guía y ten fe en que todo se desarrolla para tu mayor bien.

387:Expresar gratitud por lo que tienes atrae más abundancia a tu vida. Practica la gratitud por las bendiciones que ya tienes y confía en que el Universo te está proporcionando.

388: Confía en tu valor, deja bailar la prosperidad, celebra con gratitud. Recuerde: la verdadera riqueza está en recibir con gracia y compartir con generosidad.

389:Comparte tus bendiciones con los demás, ofrece apoyo y actúa con amabilidad en tus interacciones. Tus acciones compasivas te devolverán energía positiva y contribuirán a un mundo más armonioso.

390:Tu intuición te guía en la dirección correcta, ¡así que presta atención a tu voz interior y no temas correr riesgos!

391:Tu voz interior contiene sabiduría y guía. Presta atención a tu intuición y confía en su dirección.

392: La armonía canta en la danza de la colaboración. Encuentra puntos en común, teje hilos de trabajo en equipo y deja que florezca la armonía social. Recuerde, el compromiso fortalece el conjunto y la integración crea un vibrante tapiz de conexión.

393:Conéctese con personas de ideas afines que comparten su visión. Trabajen juntos hacia un objetivo común y aprovechen las fortalezas de cada uno para lograr un mayor éxito.

394:Tus pensamientos y acciones tienen poder. Concéntrese en sus sueños, visualice sus metas y tome medidas constantes para hacerlas realidad.

395:Se avecinan grandes cambios, pero están destinados a impulsarlo hacia adelante. Confía en que estos cambios son para tu mayor bien y abrázalos con el corazón abierto..

396: Se avecinan cambios positivos que lo llevarán hacia una mayor alineación con su verdadero propósito. Acepte estos cambios con el corazón y la mente abiertos.

397: Concéntrate en construir una base estable en tu vida, tanto material como emocionalmente. Esto podría implicar establecer objetivos claros, crear rutinas saludables y fomentar relaciones de apoyo.

398:Mientras luchas por la abundancia, no descuides la importancia del equilibrio. Mantenga relaciones saludables, fomente su bienestar y encuentre la alegría en el momento presente.

399:Incluso en medio del cambio y el crecimiento, esfuércese por lograr la paz interior y la estabilidad. Practique la atención plena, la meditación u otras técnicas de conexión a tierra para mantener el equilibrio y afrontar los desafíos con gracia.

400:El cambio es inevitable y es una oportunidad de crecimiento. Esté abierto a nuevas experiencias y no se resista al flujo de la vida.

401: Los ángeles te llaman para que actúes, adquieras tu poder personal y manifiestes tus sueños con audacia. La expansión prospera donde el liderazgo baila.

402: La armonía encuentra su ritmo en la colaboración. Busque puntos en común y cree trabajo en equipo, deje que la practicidad y la diplomacia generen estabilidad.

403:Tu voz interior conoce el mejor camino para ti. Preste atención a sus corazonadas, sueños y sincronicidades. Te están guiando hacia tu mayor bien.

404:Si bien la fuerza individual es importante, recuerde el poder de la colaboración. Trabaje con otros, comparta sus conocimientos y cree asociaciones sólidas.

405: Acepta el viento del cambio, suelta las garras del pasado. Las nuevas oportunidades bailan, recíbelas con los brazos abiertos, transfórmate y evoluciona.

406: Esfuércese por lograr el equilibrio en todas las áreas de su vida, incluidas las relaciones, el trabajo y las actividades espirituales. Mantenga la paz interior y la armonía en medio de las transiciones.

407: Los ángelesTe animamos a invertir en tu desarrollo personal. Busque conocimientos, explore nuevos intereses y desafíese a aprender y crecer en todos los aspectos de su vida.

408:Eres capaz de lograr grandes cosas. Cree en tus habilidades, asume riesgos calculados y aprovecha todo tu potencial.

409:Tu voz interior es tu luz guía. Preste atención a sus corazonadas, sueños y empujones intuitivos. Te guiarán hacia el camino y las opciones correctas.

410:Es hora de invertir en ti mismo y en tu desarrollo. Aprende cosas nuevas, amplía tus horizontes y cuida tu bienestar físico y mental.

411:No esperes a que sucedan cosas. Los ángeles te alientan a tomar la iniciativa, salir de tu zona de confort y perseguir tus objetivos con confianza.

412: Los ángeles enfatizanla importancia de encontrar tu fuerza interior y tu fe inquebrantable en ti mismo. Te anima a superar los desafíos con resiliencia y determinación.

413: Libera los miedos como mariposas, abraza nuevos comienzos con los brazos abiertos y el corazón alineado. La emoción alimenta tu viaje, la intuición es tu luz guía.

414:No te pierdas en la búsqueda de tus objetivos. Mantén un equilibrio saludable entre trabajo y descanso, nutre tus relaciones y prioriza tu bienestar.

415:Su instinto es su guía a través de este período transformador. Preste mucha atención a su intuición y tome decisiones basadas en lo que le parezca correcto, no solo en lo que piensan los demás.

416: Encuentra consuelo en el cálido abrazo del hogar y la familia. Cultiva el amor, la compasión y la comprensión en tus relaciones con los demás y contigo mismo. Ofrece apoyo y amabilidad a quienes te rodean.

417: Tus pensamientos e intenciones tienen poder. Alinea tus acciones con tus deseos más profundos y confía en tu capacidad para manifestar tus metas.

418:Agradece las bendiciones que ya tienes y expresa gratitud por la abundancia que fluye en tu vida. Esto amplifica la energía positiva y atrae aún más bendiciones.

419:No se resista al flujo de la vida, sino que acepte nuevos comienzos con el corazón abierto y la voluntad de aprender.

420:Los ángeles te aseguran que se avecinan cambios positivos en el horizonte. Manténgase optimista y confíe en que las cosas van bien.

421: Un nuevo comienzo te llama, enciende las brasas de tus sueños con acciones audaces y confía en tu espíritu independiente. Forja tu propio camino, un faro de inspiración para todos.

422:Construya una base sólida en su vida, enfocándose en sus prioridades y estableciendo metas claras. Se trata de crear una sensación de seguridad y estabilidad en todos los aspectos de tu vida.

423:Antes de emprender cualquier nuevo viaje, tómate el tiempo para encontrar la paz interior y alinear tus acciones con tu verdadero propósito. Busque la autorreflexión, la meditación o pase tiempo en la naturaleza para conectarse con su intuición.

424: Tus ángeles están diciendo¡Tienes el poder y el potencial para lograr grandes cosas! Adquiera confianza, confíe en sus habilidades y no tenga miedo de correr riesgos..

425:El crecimiento a menudo se encuentra más allá de su zona de confort. No tengas miedo de correr riesgos, explorar nuevas posibilidades y desafiarte a ti mismo para evolucionar.

426: Alinea tus acciones con tus verdaderos valores y la misión de tu alma. Encuentre formas significativas de expresar sus talentos y dones al servicio de los demás.

427: ¡Los ángeles están expresando su aliento! Presta atención a tu sabiduría interior y a tus instintos. Ellos lo guiarán hacia las decisiones correctas y hacia oportunidades de crecimiento.

428:Tus pensamientos y acciones positivas están atrayendo abundancia a tu vida. Manténgase enfocado en sus objetivos, confíe en el proceso y ábrase a recibir bendiciones de diversas formas.

429:Busque conocimientos, explore nuevos intereses y desafíese a salir de su zona de confort. El crecimiento conduce a una mayor realización y propósito.

430: El Universote anima a conectarte con tu lado espiritual y buscar la guía de tus ángeles. La meditación y la oración pueden ser prácticas útiles.

431: Amanece un nuevo capítulo, ardiendo con fuego creativo. Deje que la pasión encienda su espíritu, el propósito guíe sus acciones y la expresión florezca como un jardín vibrante. Su arte teje un tapiz único en el escenario mundial.

432: este mensajete anima a aprovechar tu poder interior, afrontar los desafíos con valentía y confiar en tu capacidad para superar obstáculos.

433: Los ángeles susurran de transformación.El cambio es inevitable, pero no tiene por qué ser disruptivo. Acepta los cambios positivos con el corazón abierto y confía en que te llevarán hacia un futuro mejor.

434: Alas de apoyo invisibles te elevan. Los ángeles caminan a tu lado y sus voces te instan a creer. Siente su aliento inquebrantable, un coro de conexión divina que acompaña tu camino.

435:Mientras navega por el cambio personal, no descuide el poder del apoyo. Rodéate de personas positivas y alentadoras que crean en ti y en tu viaje.

436: Este es un recordatorio para que dejes de lado los miedos y las preocupaciones que pueden estar frenándote. Confíe en que será guiado y apoyado divinamente a través de cualquier desafío.

437: Incluso en medio del cambio y el crecimiento, esfuérzate por lograr el equilibrio en tu vida. Cuida tu bienestar físico y mental, y dedica tiempo a la relajación y al autocuidado.

438:Tu instinto es tu mejor guía. Presta atención a sus susurros y toma medidas inspiradas para alcanzar tus sueños. Recuerda, el Universo recompensa la acción alineada con tu verdadero propósito.

439: Tus ángeles quieren que lo hagasconéctate con el llamado de tu alma. Utilice sus talentos y dones para servir a los demás y generar un impacto positivo en el mundo..

440: Los ángelesrecordarle que el éxito no llega de la noche a la mañana. Requiere esfuerzo constante, perseverancia y compromiso con un trabajo de calidad. Esté preparado para arremangarse, dedicar horas y mantenerse concentrado en su visión.

441:Los ángeles te instan a cuidar tu bienestar físico, mental y emocional. Esto le permitirá aceptar el cambio con mayor fuerza y resiliencia.

442: El universo quiere que lo hagas Esté abierto a nuevos comienzos, acepte nuevas oportunidades y aproveche su potencial de liderazgo.

443: Este es un recordatorio de queAl aceptar el cambio, no pierda de vista sus valores y fundamentos fundamentales. Mantenga una sensación de estabilidad y equilibrio en su vida para afrontar los desafíos con gracia.

444:Se abren nuevas puertas para ti. Esté abierto a nuevas experiencias, explore diferentes caminos y no tenga miedo de salir de su zona de confort.

445:Incluso en medio del cambio, esfuércese por lograr la paz interior y la estabilidad. Practica la atención plena, la meditación u otras técnicas de conexión a tierra para mantenerte centrado y alineado con tu verdadero propósito..

446: El mensaje habla dela importancia de construir una base sólida en tu vida, tanto interna como externamente. Concéntrese en el cuidado personal, cultive la fuerza interior y priorice las tareas que generen estabilidad y seguridad.

447: Los ángeles te abrazan. Sepa que cuenta con el apoyo divino en su viaje. Confíe en el momento y el desarrollo de los acontecimientos, incluso si a veces parecen desafiantes.

448: Tu espíritu guíaLe animamos a salir de su zona de confort y aprovechar nuevas oportunidades. Estos cambios, aunque puedan parecer desalentadores, te están llevando hacia una mayor satisfacción.

449:Incluso en medio del cambio, esfuércese por lograr el equilibrio interior. Practica la atención plena, la meditación y actividades que te brinden alegría y paz. Una mente tranquila toma mejores decisiones y atrae experiencias positivas.

450:Construir una base sólida requiere tiempo y paciencia. No se desanime por los reveses o el lento progreso. Confíe en que su arduo trabajo está creando una plataforma sólida para logros futuros.

451: Enciende tu espíritu artístico, persigue tu propósito y expande tu expresión con audaz confianza. Tu creatividad florece en el escenario mundial.

452: El universoLo alienta a sentar bases sólidas, trabajar con diligencia y perseverar a través de los desafíos.

453: Los ángeles quieren usted para expresar sus talentos y dones únicos. No tengas miedo de compartir tu creatividad con el mundo y explorar nuevas vías de autoexpresión.

454:Mientras adopta nuevas posibilidades, asegúrese de tener una base sólida para respaldar su crecimiento. Trabaja duro, establece metas y toma medidas prácticas para alcanzarlas.

455:Los ángeles te instan a estar abierto a nuevas oportunidades, aceptar el cambio con una actitud positiva y confiar en que estos cambios te llevarán a un futuro mejor.

456: El universoLo alienta a aceptar el trabajo en equipo y buscar el apoyo de los demás. Al trabajar juntos y utilizar las fortalezas de todos, pueden lograr mayores avances y superar los desafíos de manera más efectiva.

457:THazte cargo de tus pensamientos y acciones, ya que dan forma a tu realidad. Manténgase positivo, concentrado y alineado con sus verdaderos deseos de manifestar la vida que sueña.

458:Mientras persigue sus objetivos, recuerde la importancia del trabajo en equipo. Colabore con otras personas que comparten su visión y cree asociaciones de apoyo para el éxito mutuo.

459:Agradece las bendiciones en tu vida, grandes y pequeñas. Comparte tu abundancia con los demás y contribuye a construir un mundo más compasivo y solidario.

460:Cree sistemas y rutinas que respalden sus objetivos. Establece objetivos claros, planifica tus acciones y gestiona tu tiempo de forma eficaz. La estructura proporciona estabilidad y le ayuda a mantener el rumbo.

461:Aprovecha tu poder interior y tu resiliencia. Confía en tu intuición, cree en ti mismo y afronta los desafíos con valentía y determinación.

462: este mensajeLo insta a aceptar el cambio con una mente abierta, dejar atrás el pasado y salir de su zona de confort.

463: Comparte tu chispa única, deja que se encienda la confianza. La creatividad fundamentada florece, tu voz es una luz radiante. Exprésate con valentía, el mundo espera tu historia.

464: La diligencia allana tu camino, una base sólida construida con concentración. Las metas se hacen realidad, la disciplina es tu guía. Recuerde, la conexión a tierra impulsa su ascenso.

465: Acepta la corriente, suelta las ataduras del ayer. Nuevas oportunidades florecen, la adaptabilidad es tu escudo. La transformación te espera, baila con la marea en constante cambio.

466: Los ángelesEmpujarlo a fortalecer sus vínculos con sus seres queridos y contribuir a su comunidad. Ofrecer apoyo y asistencia cuando sea necesario y cultivar un sentido de pertenencia.

467: Busca los susurros internos, tu brújula interior es verdadera. La espiritualidad fundamentada ilumina el camino y te guía a través de la oscuridad y la duda. Recuerda, la intuición es tu mapa celestial.

468: Reclama tu poder y manifiesta tus sueños. Hazte cargo, audaz y valiente, deja que tu espíritu te guíe. Recuerda, el universo espera tu acción.

469: Susurros de intuición, guías prácticas. Combina sabiduría con acción, deja que tu espíritu se despliegue. Recuerde, la espiritualidad fundamentada es su brújula y combustible.

470: El cierre susurra nuevos comienzos, las lecciones aprendidas allanan el camino. Libera el pasado, abraza el amanecer, se desarrolla un nuevo capítulo. Recuerde, los finales son puertas a infinitas posibilidades.

471:Los ángeles te recuerdan tu poder para crear tu propia realidad. Concéntrate en tus pensamientos e intenciones positivas y cree en tu capacidad para manifestar tus sueños.

472: El universote anima a encontrar la paz interior, mantener relaciones sanas y confiar en el plan divino.

473:La comunicación abierta y honesta es clave para afrontar el cambio y construir relaciones sólidas. Di tu verdad, escucha activamente y esfuérzate por comprender.

474:No descuides tus relaciones ni tu paz interior mientras buscas nuevas oportunidades. Encuentre el equilibrio entre su vida personal y profesional y cultive relaciones saludables.

475: Los ángelesEmpujarte a tomar medidas y asumir tu poder. No dejes que el miedo o las dudas te impidan perseguir tus sueños.

476: este mensajesignifica avances positivos en su situación financiera, logrados a través del trabajo duro, la responsabilidad y la colaboración.

477:SSe avecinan cambios y transformaciones importantes. Confía en que estos cambios te están llevando hacia una mayor alineación con tu propósito y abrázalos con la mente abierta.

478:No dejes que la búsqueda de la abundancia te consuma. Encuentra el equilibrio entre tus objetivos materiales y tu bienestar espiritual. Priorice el cuidado personal, la atención plena y las actividades que le brinden alegría.

479: Tus regalos son brasas celestiales, destinadas a prender fuego al mundo con curación y compasión. Úsalos con dedicación inquebrantable, dejando un rastro de luz con cada toque.

480:Mientras se concentra en la practicidad, recuerde la importancia del crecimiento espiritual. Conéctate con tu propósito superior, practica la atención plena y la meditación y mantente centrado en tus valores. Una base espiritual sólida conduce a la paz interior y la resiliencia.

481:Tu intuición te está guiando en la dirección correcta. Preste atención a su voz interior, sus corazonadas y sus sueños, y no tema actuar en función de ellos.

482:FEncuentre el equilibrio entre su vida laboral, su vida personal y su crecimiento espiritual. Evita descuidar cualquier aspecto de tu vida en pos de otro. Concéntrese en crear un flujo armonioso entre sus compromisos y aspiraciones.

483:A veces, es posible que las cosas no sucedan tan rápido como quisiera. Confía en que el Universo tiene un momento perfecto para todo y entrégate al fluir de la vida.

484: Recuerda creer en tu fuerza, porque caminas de la mano de lo divino, siempre guiado y amado.

485: Sanar viejas heridas con el perdón y la autoaceptación. La vulnerabilidad fortalece tus raíces, fomentando conexiones más profundas donde nuevos comienzos florecen en el terreno fértil de los corazones abiertos.

486: El universote recuerda que debes confiar en el plan divino y tener fe en que el universo te está guiando hacia un futuro mejor.

487:Preste mucha atención a su intuición y a sus instintos. Ellos lo guiarán hacia las opciones y oportunidades correctas durante este período de cambio.

488:A medida que recibas abundancia en tu vida, recuerda expresar gratitud al Universo y a quienes te han apoyado. Comparte generosamente tus bendiciones con los demás para crear un efecto dominó de positividad.

489: El espíritu humanitario canta en tu corazón, la empatía tu melodía eterna. Recuerde, el servicio a los demás ilumina el camino para todos.

490: recuerdala importancia de construir una base sólida en todas las áreas de tu vida. Esto podría implicar establecer rutinas saludables, administrar sus finanzas de manera responsable y desarrollar relaciones sólidas.

491:Un nuevo capítulo se está desarrollando en tu vida. Esté abierto a nuevas oportunidades, libérese de creencias limitantes y alcance todo su potencial..

492:Se avecinan cambios positivos que al principio pueden resultarle inquietantes. Sin embargo, confía en que estos cambios te están llevando hacia tu verdadero propósito y una mayor realización. Acéptalos con un corazón abierto y voluntad de aprender.

493: Confía en los susurros internos, tu brújula es verdadera y siempre presente. Deja ir el miedo como las hojas de otoño y abraza nuevos comienzos con los brazos abiertos y la mente alineada. La emoción alimenta tu viaje, la fe tu estrella guía.

494:Cada experiencia, incluso las desafiantes, contiene lecciones valiosas. Aprovéchelos como oportunidades de crecimiento y aprendizaje, y utilícelos para perfeccionar sus habilidades y su enfoque.

495:Preste atención a sus instintos y susurros internos. El universo te recuerda que tu intuición es una guía poderosa, especialmente en tiempos de cambios y nuevas oportunidades.

496:Tus ángeles te están diciendo que estás en el camino correcto y que tienes la fuerza para superar cualquier desafío. Lo alientan a mantenerse positivo y concentrado en sus objetivos.

497:Mientras acepta el cambio, esfuércese por lograr la paz interior y la estabilidad. Mantenga relaciones saludables, dedique tiempo al cuidado personal y encuentre prácticas de conexión a tierra para mantenerse equilibrado durante la transición.

498: Esto esun poderoso mensaje de cambio positivo y nuevos comienzos emocionantes. Acepta estos cambios con el corazón abierto y confía en que te llevarán hacia un futuro mejor.

499: El universoLo alienta a dejar de lado cualquier negatividad, ansiedad o experiencia pasada que lo detenga. Es un momento para cerrar, perdonar y entrar en un nuevo capítulo con una nueva perspectiva.

500:¡Tu arduo trabajo y dedicación están dando sus frutos! Los ángeles te aseguran que tus esfuerzos te están llevando hacia el éxito. Manténgase enfocado en sus objetivos, tome medidas consistentes y confíe en el momento divino de sus logros.

501:No esperes a que te pasen cosas. Tome la iniciativa, establezca metas y trabaje activamente para lograr sus sueños. Tus ángeles están apoyando cada uno de tus pasos.

502:Antes de embarcarse en nuevas empresas, asegúrese de contar con una base sólida. Esto podría implicar establecer objetivos realistas, desarrollar las habilidades necesarias y establecer una red de apoyo. Una base sólida proporciona estabilidad y confianza mientras navega por el cambio.

503: Da rienda suelta a tu canción única, deja que tu voz se eleve como el sol de la mañana. Comparte tu perspectiva con autenticidad inquebrantable, pintando tu historia con pinceladas de optimismo y alegría. Enciende las brasas de la inspiración en los demás, la creatividad tu llama, la autoexpresión tu combustible.

504:A veces, es posible que las cosas no se desarrollen exactamente como esperas. Confía en que el Universo tiene un plan perfecto para ti y entrégate al fluir de la vida con fe y optimismo.

505: PAGHay cambios positivos en el horizonte. Esto podría implicar avances profesionales, nuevas relaciones emocionantes o avances personales. Esté abierto a estos cambios y confíe en que le llevarán a una vida más plena.

506: Tus ángeles instantomar acción y seguir adelante. Es hora de poner tus planes en marcha y perseguir activamente tus sueños. Sin embargo, recuerda hacerlo con una base sólida y una planificación cuidadosa.

507:La comunicación abierta y honesta es clave para afrontar el cambio y construir relaciones sólidas. Habla tu verdad con confianza y escucha activamente para comprender a los demás.

508:Este período está lleno de oportunidades de crecimiento y expansión personal. Esté abierto a nuevas experiencias, acepte aprender de todas las situaciones y desafíese a sí mismo a salir de su zona de confort.

509:Este mensaje significa un período de importante autodescubrimiento y crecimiento espiritual. Aproveche nuevas oportunidades de aprendizaje, explore diferentes caminos y conéctese con su propósito superior.

510:No tengas miedo de pedir ayuda y orientación. Tus ángeles están siempre contigo, ofreciéndote apoyo y aliento. Confía en que tienes los recursos y la asistencia que necesitas para alcanzar tus sueños.

511:Confía en que el Universo se preocupa por tus mejores intereses. Manténgase optimista, concéntrese en las cosas buenas y sepa que incluso los desafíos son oportunidades de crecimiento.

512:No intentes hacerlo solo. Comuníquese con amigos, familiares o mentores para obtener orientación y apoyo. La colaboración y el trabajo en equipo pueden conducir a un mayor éxito y hacer que el viaje sea más satisfactorio.

513: Desata tu fuego creativo, deja que tu voz se eleve como una canción vibrante. Comparte tu perspectiva única con autenticidad inquebrantable, pintando tu historia con pinceladas de optimismo y alegría. Abrace nuevas actividades artísticas, su espíritu sea un lienzo para que florezca la inspiración.

514: Ladrillo a ladrillo consciente, construye tus sueños sobre una base de practicidad inquebrantable. La diligencia guía tus pasos, el ingenio tu arma y las metas se hacen realidad bajo la luz enfocada de tu espíritu.

515:SSal de tu zona de confort y disfruta de nuevas experiencias. No tengas miedo de correr riesgos, explorar nuevos caminos y buscar aventuras que enciendan tu espíritu.

516:No descuides tus necesidades emocionales y tus relaciones en tu búsqueda de metas. Encuentra el equilibrio y mantén la armonía en todos los aspectos de tu vida. Practique el cuidado personal, cuide a sus seres queridos y contribuya a su comunidad.

517:A veces, es posible que las cosas no se desarrollen exactamente como esperas. Confía en que el Universo tiene un plan perfecto para ti y entrégate al fluir de la vida con fe y optimismo.

518: La abundancia fluye hacia tu corazón abierto y tu espíritu agradecido. Celebre la prosperidad con gracia, comparta su generosidad sabiamente y recuerde que la verdadera riqueza radica en el acto de dar y recibir.

519:No esperes el momento perfecto; toma medidas inspiradas basadas en tu intuición y alineadas con tu verdadera vocación. El Universo está apoyando tus esfuerzos.

520:Mientras luchas por alcanzar el éxito, no descuides otros aspectos de tu vida. Mantén un equilibrio saludable entre trabajo y ocio, prioriza tu bienestar físico y mental y nutre tus relaciones.

521:Prioriza tu bienestar físico y mental. Participe en actividades que le brinden alegría, coma alimentos nutritivos y duerma lo suficiente. Una persona sana está mejor equipada para afrontar los cambios de la vida.

522:Incluso en medio de cambios y desafíos, esfuércese por lograr la paz interior. Practica la atención plena, la meditación o actividades que te brinden alegría y tranquilidad. Una mente pacífica toma mejores decisiones y atrae experiencias positivas.

523: Suéltate como las hojas de otoño, los miedos se rinden al viento. Abraza nuevos comienzos con la alegría de un colibrí, abre tu mente a las posibilidades. La fe despliega sus alas, alineándote con tu brújula interior.

524: Susurros ligeros como plumas rozan tu mejilla, coro angelical que te insta a creer. Siente su apoyo inquebrantable, un cálido abrazo que te recuerda tu conexión divina. Acepta su mano celestial, guiándote en cada paso del camino.

525: Los ángeles hablande sus talentos y habilidades inherentes. Te instan a creer en ti mismo, aprovechar tu potencial y compartir tus dones con el mundo.

526: Esto esun mensaje para centrarse en su familia y su vida hogareña. Quizás sea el momento de pasar más tiempo de calidad con sus seres queridos, crear un ambiente enriquecedor o abordar cualquier problema no resuelto dentro de su familia.

527: Los ángelesrecordarte que tus pensamientos e intenciones tienen el poder de moldear tu realidad. Concéntrate en afirmaciones positivas, visualiza tus deseos y toma medidas alineadas para manifestar tus sueños.

528:Utilice sus talentos y dones para servir a los demás y generar un impacto positivo en el mundo. Contribuir a algo más grande que tú mismo te brindará una profunda satisfacción y te conectará con el propósito de tu alma.

529:Mientras persigue el crecimiento y las metas personales, recuerde priorizar la paz interior y el bienestar.

Practica el cuidado personal, la atención plena y actividades que te brinden alegría y equilibrio.

530:El éxito rara vez ocurre de la noche a la mañana. Sea paciente, persistente y mantenga una actitud positiva. Confía en que tus esfuerzos eventualmente te llevarán al resultado deseado.

531: Acepta nuevos comienzos, confiando en tu brújula interior para navegar por territorios inexplorados. Adquiera su poder, impulsado por la autosuficiencia y el propósito. Manifiesta tus sueños con iniciativa inquebrantable.

532: Buscar la armonía a través de la cooperación y el compromiso. Encuentre puntos en común donde florezca el trabajo en equipo, construyendo asociaciones arraigadas en el respeto mutuo y la armonía social.

533: Libera tu espíritu creativo, compartiendo tu perspectiva única con autenticidad y alegría. Abraza tus pasiones, encendiendo la inspiración en ti mismo y en los demás.

534: Coloca una base sólida para tus objetivos con practicidad y diligencia. Centrarse en resultados tangibles, construyendo paso a paso con ingenio y estabilidad.

535: Acepta el cambio con adaptabilidad y gracia. Deja atrás el pasado, abriéndote a nuevas oportunidades y crecimiento personal. Navegue por las transiciones con el corazón abierto y la voluntad de transformarse.

536: Sigue adelante,su arduo trabajo y dedicación pronto serán recompensados con estabilidad financiera y prosperidad.

537: Busca la sabiduría interior, profundizando tu comprensión espiritual. Conéctate con tu yo superior, guiado por la fe y la intuición, y emprende el viaje del autodescubrimiento.

538: Abre tu corazón a la abundancia, acogiendo la prosperidad con gratitud y generosidad. Comparte tus bendiciones sabiamente, reconociendo la danza interconectada de dar y recibir.

539: Utiliza tus talentos para servir a los demás, guiado por la compasión y la empatía. Encuentra tu propósito en el trabajo curativo y humanitario, generando un impacto positivo en el mundo.

540: Acepta el cierre como puerta de entrada a nuevos comienzos. Libera lo que ya no te sirve, aprende de las lecciones y prepárate para nuevas perspectivas. Abraza los ciclos de cambio, confiando en el camino que se abre hacia la iluminación.

541: Desata tu fuego creativo. Sigue tus pasiones, no los mapas. Expresa tu chispa única y observa cómo se expande tu mundo.

542: Busca la armonía, no el compromiso. Encuentra tu alma gemela en el trabajo en equipo y el respeto. Baila la dualidad de la conexión y construye una asociación satisfactoria.

543: Confía en tu susurro interior, no en miedos fugaces. Abrace nuevos comienzos con los brazos abiertos y con fe. Salta hacia la alineación, guiado por la luz de tu intuición.

544: Los ángeles susurran aliento, no palabras vacías. Siente su apoyo, cree en tu conexión divina y camina con confianza.

545: Abre tu corazón, deja ir las heridas del pasado. Perdona, acepta y abraza la vulnerabilidad. Los nuevos comienzos del amor esperan tu paso valiente.

546: Construye un remanso de paz, no sólo ladrillos y cemento. Encuentre alegría en momentos simples, cuide a sus seres queridos y cree una comunidad de pertenencia.

547: Busca la maestría, no las tendencias pasajeras. Expande tu conciencia, escucha la sabiduría interior y alinéate con tu propósito divino.

548: Acepta la abundancia, no solo la riqueza material. Reconoce tu valor, comparte tus bendiciones y deja que la gratitud fluya como un río.

549: Servir con compasión, no con obligación. Utilice sus dones para sanar, inspirar y iluminar el camino de los demás.

550: Libera el pasado, con las lecciones aprendidas en la mano. Prepárate para nuevos capítulos, con los ojos puestos en la iluminación. Nuevas perspectivas florecen donde los finales susurran nuevos comienzos.

551: Confía en tu instinto, da ese salto y manifiesta tus sueños con una ardiente autosuficiencia. Recuerde, el universo aplaude cada uno de sus pasos audaces.

552: ÁngelesLe aseguro que cuenta con el apoyo divino. Tenga fe en el momento y el desarrollo de los acontecimientos, incluso si a veces parecen confusos. Recuerde, el Universo se preocupa por sus mejores intereses.

553: Libera tu espíritu creativo, un caleidoscopio bendecido por ángeles. Comparte tu chispa única con autenticidad, deja que la alegría sea tu pincelada e inspira al mundo con una vitalidad celestial.

554: Construye una base de sueños, guiado por manos invisibles. Coloca cada ladrillo con diligencia, ingenio, tu mortero y observa cómo tus objetivos se elevan bajo el sol del apoyo universal. Recuerda, la estabilidad es tu corona, los resultados tangibles tu recompensa celestial.

555: Acepta los vientos del cambio, susurrados por ángeles invisibles. Confía en el proceso, porque las grandes transformaciones allanan el camino para magníficas manifestaciones. Déjate llevar, navega por las corrientes cósmicas y sé testigo de cómo tu mundo florece de nuevo.

556:Si bien se anima a actuar, recuerde escuchar su voz interior. Recuerde confiar en su intuición y tomar decisiones basadas en lo que le parezca adecuado.

557: Sumérgete profundamente en tu interior, buscando la sabiduría susurrada por los ángeles. Explora tu intuición, conéctate con tu yo superior y desbloquea tus dones espirituales. Recuerde, la guía fluye como un río celestial, úsela para iluminar su camino y tocar la vida de los demás.

558: La abundancia florece donde abres tu corazón para recibir. Libera creencias limitantes, deja ir la escasez y abraza la prosperidad en todos los aspectos de tu vida. Comparte tus bendiciones, porque el universo prospera gracias a la danza de dar y recibir.

559: Utilice sus talentos para marcar la diferencia, ofrezca su tiempo como voluntario y elija una carrera de servicio impulsada por la bondad. Recuerda, eres un recipiente de luz celestial que ilumina el mundo que te rodea.

560: Cierra los capítulos con gratitud, porque las lecciones aprendidas allanan el camino para nuevos comienzos. Libera el pasado, deja ir lo que ya no sirve y abre tu corazón a posibilidades ilimitadas.

561: Un nuevo comienzo te llama, impulsado por la confianza en uno mismo y la independencia. Da ese paso audaz, el universo aplaude tu iniciativa y fuerza interior.

562:FEncuentra el equilibrio y la armonía dentro de ti y en tu entorno. Esto podría implicar equilibrar la vida laboral y personal, mantener la paz interior y fomentar relaciones saludables.

563: ¡Deja que tu alma cante! Comparte tu perspectiva única con el mundo, un tapiz vibrante tejido con optimismo e inspiración. Abraza tus actividades artísticas, porque eres un pincel cósmico que pinta obras maestras en el lienzo de la existencia.

564: Construye tus sueños sobre pilares de polvo de estrellas. Coloque cada ladrillo con practicidad, ingenio, su mortero y observe cómo sus objetivos ascienden hacia el sol de la estabilidad. Recuerda, los resultados tangibles son tu recompensa celestial.

565:Mientras acepta el cambio y la emoción, recuerde la importancia del trabajo duro y la dedicación. El mensaje es combinar tu espíritu aventurero con tu lado práctico para obtener resultados óptimos.

566:Tienes el apoyo y la guía de tus ángeles, tus seres queridos y el universo. Es un recordatorio para confiar en el proceso y mantenerse firme incluso cuando enfrente desafíos.

567: Expande tu conciencia, escucha los susurros de tu sabio interior y profundiza tu conexión espiritual.

568:Presta atención a tu intuición y sabiduría interior. Ellos lo guiarán hacia las decisiones y acciones correctas durante este período transformador.

569:Utilice su conocimiento y sabiduría recién adquiridos para elevar y guiar a otros. Comparte tus bendiciones y contribuye a un mundo más armonioso.

570:A medida que avance en su viaje, recuerde expresar gratitud por las bendiciones que recibe. Celebre sus hitos, grandes y pequeños, para mantenerse motivado y seguir avanzando.

571:No esperes el momento adecuado o las circunstancias perfectas. Toma iniciativa, toma decisiones y sigue adelante con tus planes. El Universo apoya tu acción cuando se alinea con tu verdadero propósito.

572:Esté abierto al crecimiento personal y a aprender cosas nuevas. Explora nuevos intereses, desafíate a ti mismo e invierte en tu desarrollo. Esto le ayudará a ampliar sus horizontes y crear una vida plena.

573: Confía en tu brújula interior. Suelta las garras del miedo y abraza nuevos horizontes con los brazos abiertos. La fe ilumina tu camino.

574: Los ángeles susurran aliento. Cree en tu chispa divina, siente su apoyo inquebrantable. Nunca estás solo.

575:FConcéntrate en tus deseos y visualiza tus metas con claridad y energía positiva. Confía en que tus pensamientos y acciones positivas pueden atraer los cambios que buscas.

576: Construye un refugio de pertenencia. Cuiden la familia, encuentren la paz en la sencillez. La comunidad arraiga tu alegría.

577:CLos cambios se avecinan en tu camino. Estos cambios, aunque a veces desafiantes, lo están llevando hacia un camino más satisfactorio y alineado. Abrázalos con el corazón abierto y confía en que son para tu mayor bien.

578: El universo derrama bendiciones. Reconoce tu valor, abraza la abundancia con el corazón abierto. Comparte tu riqueza, déjala fluir.

579: Confía en el momento divino.A veces, es posible que las cosas no se desarrollen tan rápido como quisiera. Confía en que el Universo tiene un plan perfecto para ti y entrégate al fluir de la vida con fe y optimismo.

580: Cierra capítulos con gratitud. Nuevos comienzos susurran desde las cenizas. Déjate llevar, abraza las nuevas perspectivas que te esperan.

581:Tus pensamientos e intenciones tienen poder. Concéntrese en sus objetivos, visualice los resultados deseados y tome medidas concretas para hacerlos realidad. Los ángeles te recuerdan que eres un creador poderoso.

582:No se limite a soñar sus deseos, actúe para hacerlos realidad. Combine su intuición y creatividad con planificación práctica y trabajo duro para manifestar sus objetivos.

583: Que tus palabras sean como rayos de sol, iluminando la verdad y el optimismo. Comparte tu perspectiva única con el mundo, porque tu alegría es un faro que inspira a otros.

584:Los ángeles te alientan a nutrir tus sueños y aspiraciones con cuidado y atención. Desarrolle un plan claro, reúna recursos y tome medidas consistentes para hacer realidad sus objetivos.

585: Abraza los vientos del cambio,Esté abierto a nuevos comienzos, acepte nuevas oportunidades y confíe en que estos cambios lo llevarán hacia un futuro mejor.

586:Estás en la cúspide de una transformación positiva. Esto podría implicar cambios en su carrera, relaciones o crecimiento personal. El mensaje es aceptar estos cambios con una actitud positiva y confiar en que le llevarán a un futuro mejor.

587:Mientras navega por el cambio, mantenga su mundo interior firme y en paz. Practique la atención plena, la meditación o actividades que le brinden alegría para mantener la armonía interior y afrontar los desafíos con gracia.

588:Enfoca tus pensamientos y acciones en tus metas y confía en el Universo para que te apoye a hacerlas realidad.

589:RLibera cualquier negatividad, apegos o creencias obsoletas que te estén frenando. Es hora de abrazar nuevos comienzos y seguir adelante con un corazón más ligero.

590:Concéntrese en construir una base estable en todos los aspectos de su vida, incluida su carrera, sus relaciones, sus finanzas y su salud. Establezca metas claras, cree un plan y tome medidas consistentes para lograrlas.

591:Mientras persigue sus sueños, asegúrese de contar con una base sólida. Sé organizado, gestiona tu tiempo de forma eficaz y cuida tu bienestar físico y mental.

592: Los ángeles susurran de fe.Es posible que las cosas no se desarrollen exactamente como esperaba. Confía en que el Universo tiene un plan para ti y que cualquier desafío es una oportunidad de crecimiento.

593: La intuición susurra secretos, no alarmas. Suelte las garras heladas del miedo, abrace nuevos comienzos con una mente abierta y una fe inquebrantable. La alineación te espera, confía en tu brújula interior.

594: Los ángeles bailan a tu lado, no arriba. Sienta su guía en suaves empujones y su tranquilidad en susurros reconfortantes. Cree en ti mismo, porque eres amado por el coro cósmico.

595: Pinta tu amor con trazos vibrantes. Colabora con un espíritu afín, expresa tus perspectivas únicas y enciende la llama de la alegría que los inspira a todos.

596: Nutre la familia y la comunidad, encuentra la paz en los momentos simples y deja que la alegría sea el mortero que une tu vínculo.

597: Los ángelesFomentar una comunicación clara y honesta. Exprese sus necesidades y deseos de manera auténtica, escuche activamente a los demás y esfuércese por lograr la comprensión en sus relaciones.

598: Conoce tu valor, una estrella en el tapiz celestial. Recibe abundancia con las palmas abiertas, comparte tus bendiciones como la luz del sol y deja que la generosidad sea tu corona cósmica.

599: Eleva e inspira con tus dones espirituales, sana con compasión e ilumina el camino de los demás.

600:El éxito no llega de la noche a la mañana. Esté preparado para trabajar duro, enfrentar los desafíos con determinación y nunca renunciar a sus sueños. Tus ángeles están apoyando cada uno de tus pasos.

601: Confía en tu fuego interior, da el salto y manifiesta tus sueños con fuerza inquebrantable. El universo aplaude tus nuevos y audaces comienzos.

602:Mientras acepta el cambio y los nuevos comienzos, recuerde mantenerse firme. Mantener una sensación de estabilidad y practicidad para afrontar los desafíos de forma eficaz.

603: Comparte tus talentos únicos con autenticidad e inspira a otros con la danza vibrante de tu creatividad. Recuerda, el mundo necesita tu chispa única.

604:Mientras persigue sus ambiciones, no descuide su bienestar espiritual. Explora diferentes prácticas, conéctate con tu propósito superior y cultiva la paz y la armonía interiores.

605: El universole recuerda su fuerza y resistencia inherentes. Lo alienta a perseverar a través de los desafíos, mantenerse enfocado en sus metas y nunca renunciar a sus sueños.

606: Fortalece los vínculos con un cuidado suave, encuentra la alegría en los momentos simples y deja que la conexión sea el suelo fértil para tu felicidad compartida.

607:Tu instinto es tu guía. Presta atención a tus susurros internos y a tus empujones intuitivos, ellos te guiarán hacia las decisiones y acciones correctas.

608:Tómese tiempo para descansar, cuidarse y realizar actividades que le brinden alegría. Sea adaptable y flexible en su enfoque, ya que las cosas pueden desarrollarse de manera diferente a lo esperado.

609:Este mensaje enfatiza la importancia de nutrir su conexión espiritual. Explora diferentes prácticas, medita y conéctate con tu intuición para profundizar tu comprensión de tu propósito y camino.

610: Recuerdaser práctico y organizado en su enfoque. Administre su tiempo de manera efectiva, priorice las tareas y evite distracciones para garantizar el progreso hacia sus objetivos.

611: Sigue las pasiones, expresa tu yo auténtico, expande tu influencia. Tu llama creativa ilumina el mundo.

612:Asóciese con otras personas que compartan su visión y valores. La colaboración puede mejorar su éxito y brindarle apoyo en su viaje.

613: Confía en tu susurro interior, deja que el miedo se desvanezca. Abrace nuevos comienzos, tenga fe en su brújula y tenga la mente abierta a la alineación.

614: Los ángeles bailan a tu lado, sus susurros te alientan. Cree en ti mismo, estrella en el cielo cósmico, en su apoyo inquebrantable.

615: YNuestros pensamientos y creencias tienen un impacto poderoso en tu realidad. Concéntrese en pensamientos e intenciones positivas para atraer resultados positivos.

616:Mientras experimenta el cambio, recuerde la importancia de mantener el equilibrio en su vida. Prioriza el cuidado personal, nutre tus relaciones y asume la responsabilidad de tus acciones.

617: Sumérgete profundamente en tu interior, conéctate con tu yo celestial. Explora la sabiduría, busca guía, expande tu comprensión espiritual.

618: Reconoce tu valor, un universo de abundancia en tu corazón. Recibe con gratitud, comparte generosamente, manifiesta prosperidad.

619: Este mensaje cósmicoLleva vibraciones positivas de abundancia y manifestación. Enfoca tus pensamientos y acciones en tus deseos y confía en el Universo para que te ayude a alcanzarlos.

620: Cierra los capítulos con gracia, las lecciones aprendidas son tu luz guía. Libera, prepárate para nuevas perspectivas, abre tu corazón a nuevos comienzos.

621:A veces, es posible que las cosas no se desarrollen exactamente como lo imagina. Confía en el momento divino y recuerda que incluso los desvíos pueden llevarte a tu destino final. Aprende de las experiencias y sigue avanzando.

622:Tu vida está experimentando una transformación significativa, lo que te lleva a una versión de ti mismo más plena y alineada. Acepta los cambios con los brazos abiertos y confía en que son para tu mayor bien.

623: ¡Libera tu chispa interior! Alegría y optimismo, tus pinceladas de inspiración. Comparta sus talentos únicos, genere avances creativos.

624:El cambio es inevitable y a menudo conduce a una mayor satisfacción. Confía en el tiempo del Universo y acepta los cambios que se te presenten como oportunidades de crecimiento y expansión.

625: Abraza los vientos cósmicos del cambio. Libera el pasado, baila con nuevas oportunidades. El crecimiento personal florece en el abrazo de la transformación.

626: Fortalece los lazos familiares, encuentra la alegría en los momentos sencillos. El hogar es donde prosperan el amor y la conexión.

627:Mientras navegas por el cambio y manifiestas tus deseos, recuerda expresar gratitud por las bendiciones en tu vida y compartir tu abundancia con los demás.

628: Reconoce tu valor cósmico. La abundancia fluye, recibe con las palmas abiertas, comparte generosamente. Manifiesta prosperidad, deja que florezcan las bendiciones.

629:Mientras se esfuerza por alcanzar sus objetivos, recuerde mantener el equilibrio y la armonía en su vida. Priorice el cuidado personal, pase tiempo con sus seres queridos y participe en actividades que le brinden alegría y paz.

630:A veces, es posible que las cosas no se desarrollen tan rápido como quisiera. Confía en el momento divino y sabe que tus esfuerzos darán frutos a su debido tiempo. La paciencia y la perseverancia son claves.

631: ¡Los ángeles susurran su aliento! Sigue tus pasiones, expresa tu verdadero yo, la influencia florece a través de tus actividades.

632:Al aceptar el cambio, asegúrese de contar con una base sólida. Esto podría implicar estabilidad financiera, relaciones de apoyo o un sentido claro de propósito.

633: Escucha tu susurro interior. Conquista los miedos, abraza nuevos comienzos con fe, alineado con tu estrella guía.

634: Los ángeles bailan a tu lado, sus alas llevan aliento. Cree en ti mismo, chispa cósmica, apoyada para siempre.

635:Si bien se avecinan cambios positivos, no espere simplemente a que sucedan. Tus ángeles te animan a tomar la iniciativa, trabajar duro para alcanzar tus objetivos y crear tu propio destino.

636:Tómate el tiempo para apreciar el apoyo que recibes de los demás y las bendiciones en tu vida. La gratitud atrae más positividad a tu vida.

637: Este mensaje divinosignifica un poderoso período de transformación en tu vida. Acepta estos cambios con el corazón abierto y confía en que te llevarán hacia una mayor alineación y realización.

638: Reconoce tu valor cósmico, la abundancia fluye hacia ti. Recibe con gratitud, comparte generosamente, florece la prosperidad.

639:Presta atención a tus instintos y a tu sabiduría interior. Lo guiarán hacia las decisiones y acciones correctas a tomar en su viaje.

640:Mientras luchas por alcanzar el éxito, recuerda mantener el equilibrio en tu vida. Tómese un tiempo para descansar, relajarse y estar con sus seres queridos. Evita descuidar tu bienestar físico y mental en pos de tus objetivos.

641:Agradece las bendiciones en tu vida, tanto grandes como pequeñas. Reconoce tus logros, por pequeños que sean, y celebra tu viaje hacia tus metas.

642:No esperes a que te pasen cosas. Toma medidas inspiradas hacia tus objetivos, guiado por tu intuición y alineado con tu verdadero propósito.

643: Confía en los susurros de tu espíritu creativo. Libera tu expresión única, comparte tu perspectiva vibrante y pinta el mundo con los colores de tu alma. Los ángeles aplauden tu viaje artístico y te recuerdan que tus regalos son una bendición celestial.

644: Respira hondo, libera las garras del pasado. La transformación danza en el horizonte, instándote a aceptar el cambio con los brazos abiertos. Los ángeles guían tus pasos a través del crecimiento personal, susurrando promesas de un futuro mejor.

645: Nutre tu refugio de amor, un faro de calidez y pertenencia. Fortalezca los vínculos familiares, encuentre la alegría en los momentos sencillos y deje que la conexión sea su luz guía. Los ángeles sonríen ante tus esfuerzos, asegurando que tu hogar prospere con risas y paz.

646: Conéctate con tu yo superior, explora la guía divina y expande tu comprensión espiritual. Los ángeles iluminan el camino hacia adentro, revelando el mapa celestial interior.

647: Abre tu corazón al río de la abundancia, recibe con gratitud y comparte tus bendiciones con generosidad. Los ángeles te recuerdan que la prosperidad fluye cuando das y recibes con la mano abierta.

648: Usa tus dones espirituales para sanar, inspirar y elevar a otros. Dejen que la compasión sea su estrella guía y recuerden, su servicio ilumina el camino para todos. Los ángeles cantan tus alabanzas, celebrando tus actos de bondad.

649: Libera lo que ya no sirve, prepárate para nuevas perspectivas y abre tu corazón a nuevos comienzos. Los ángeles bailan a tu lado, celebrando el cierre que allana el camino a infinitas posibilidades.

650: Confía en los susurros de tu intuición, una brújula que te guía hacia la alineación. Los ángeles guían cada uno de tus pasos, susurrándote aliento y asegurando tu éxito.

651:Tienes el poder de crear tu propia realidad a través de tus pensamientos, acciones y tu fe inquebrantable en ti mismo. Confía en tu fuerza interior, toma medidas inspiradas y observa cómo tus sueños se hacen realidad.

652: La colaboración abre posibilidades ocultas. Une fuerzas con espíritus afines, comparte tus fortalezas y observa cómo la sinergia orquesta el éxito. Los ángeles celebran el poder del trabajo en equipo, tejiendo hilos de unidad en el tapiz compartido de logros.

653: Expresa alegría con pasión desenfrenada, un faro radiante en el mundo. Enciende tu llama interior, comparte tu risa única e inspira a otros con tu contagioso optimismo. Los ángeles cantan tu danza alegre y te recuerdan que la alegría es un regalo celestial.

654: La manifestación espera en el horizonte, impulsada por una intención enfocada y un esfuerzo incansable. Visualice sus objetivos, tome medidas decisivas y observe cómo sus sueños se convierten en realidad. Los ángeles guían tus manos, asegurándose de que tu energía concentrada dé frutos.

655: Acepta los susurros del cambio, una metamorfosis esperando desarrollarse. Libere patrones obsoletos, dé la bienvenida a nuevas perspectivas y deje que la transformación esculpe su viaje. Los ángeles bailan en la crisálida de tu ser, celebrando la belleza de la renovación.

656: Cultiva la paz interior, un jardín celestial cultivado con autocuidado y atención plena. Prioriza tu bienestar, escucha tus necesidades y encuentra alegría en los momentos de tranquilidad. Los ángeles cuidan de tu espíritu, asegurando que tu Edén interior florezca.

657: Busca la sabiduría más allá del velo, donde la intuición ilumina el camino a seguir. Conéctate con tu yo superior, profundiza en los misterios espirituales y amplía tu comprensión cósmica. Los ángeles guían tu exploración y revelan secretos susurrados por las estrellas.

658: Reconoce tu abundancia, un tesoro cósmico que fluye hacia ti. Abre tu corazón para recibir gratitud, comparte tus bendiciones generosamente y sé testigo del ciclo interminable de dar y recibir.

659: Sana con compasión, inspira esperanza y eleva a los caídos con una fe inquebrantable. Tu toque transforma vidas, un faro de amor en la oscuridad. Los ángeles están a tu lado, amplificando tu servicio al mundo.

660:Agradece las bendiciones en tu vida, tanto grandes como pequeñas. Reconoce tu progreso, celebra tus logros y aprende de tus reveses.

661: Persigue tus ambiciones con tenacidad inquebrantable. Confía en tus convicciones, da pasos audaces y sé testigo de cómo tus sueños se hacen realidad.

662:Incluso en medio del cambio, esfuércese por lograr la paz y la armonía interiores. Practica la atención plena, la meditación u otras técnicas calmantes para navegar la transformación con gracia y equilibrio.

663: Libera tu espíritu creativo. Exprese su perspectiva única con autenticidad, comparta su alegría como una risa contagiosa e inspire a otros con su audacia artística.

664: Manténgase enfocado en sus objetivos, visualice el éxito con detalles meticulosos y observe cómo sus sueños se convierten en realidad. Los ángeles tejen hilos celestiales de apoyo, asegurando que su energía enfocada dé abundantes frutos.

665: Abraza los vientos del cambio, una metamorfosis que susurra promesas de renovación. Libere patrones obsoletos, dé la bienvenida a nuevas oportunidades y deje que la transformación esculpe su viaje.

666: Prioriza tu bienestar, calma al crítico interior y descubre la alegría en la quietud. Los ángeles susurran aliento y te recuerdan que tu santuario interior alimenta tu fuerza exterior.

667:Tienes el poder de manifestar tus deseos y crear la realidad que imaginas. Enfoca tus pensamientos y acciones en tus objetivos y confía en tu capacidad para hacer que las cosas sucedan.

668: El universoLo alienta a aceptar el cambio, salir de su zona de confort y explorar nuevas posibilidades.

669:Agradece las bendiciones en tu vida, tanto grandes como pequeñas. Comparte tu abundancia con los demás y contribuye a un mundo más compasivo y solidario.

670: Libera los apegos con gracia, perdona las transgresiones con los brazos abiertos y abre tu corazón a nuevos comienzos. Los ángeles bailan en la despedida, celebrando los finales que abren el camino a infinitas posibilidades.

671: Toma medidas decisivas, impulsadas por la confianza interior, y observa cómo tus sueños se manifiestan bajo la luz celestial. Los ángeles guían cada uno de tus pasos, susurrándote aliento y asegurando tu éxito.

672:Rodéate de personas positivas y alentadoras que apoyen tu crecimiento y te alienten. La colaboración puede allanar el camino de la transformación.

673: Exprésate y difunde la alegría de la creatividad. Los ángeles aplauden tu expresión artística, recordándote que tus dones son un tesoro celestial.

674: La manifestación espera en el horizonte, impulsada por una intención enfocada y un esfuerzo incansable. Visualice sus objetivos, tome medidas decisivas y observe cómo sus sueños se convierten en realidad. Los ángeles guían tus manos, asegurándose de que tu energía concentrada dé frutos.

675: El universoenfatiza el poder del pensamiento positivo y el cambio de mentalidad. Concéntrese en pensamientos, afirmaciones y visualizaciones optimistas para atraer experiencias positivas y manifestar sus deseos.

676: Fomente la paz interior con autocuidado y atención plena. Prioriza tu bienestar, escucha tus necesidades y encuentra alegría en los momentos de tranquilidad. Los ángeles cuidan de tu espíritu, asegurando que tu Edén interior florezca.

677:Presta mucha atención a tu intuición y sabiduría interior. Ellos lo guiarán hacia las decisiones y acciones correctas durante este período transformador.

678: Los ángelesrecordarle su potencial para crear abundancia en todos los aspectos de su vida y animarlo a tomar medidas para alcanzar sus objetivos.

679: Los ángeles quierenliberar cualquier preocupación o ansiedad que te detenga. Con la mente clara y el corazón abierto, tome medidas inspiradas para alcanzar sus metas y sueños.

680: El cierre susurra como una suave brisa, las lecciones aprendidas son una luz guía. Libera los apegos, perdona las transgresiones y abre tu corazón a nuevos capítulos. Los ángeles bailan en la despedida, celebrando los finales que allanan el camino para comienzos sin fin.

681: La brújula de la intuición te guía, confía en su silencioso empujón. Alineate con el propósito de tu alma, la acción te espera.

682: La sinergia canta en las fortalezas compartidas, únete con espíritus afines. Tu colaboración baila, los logros se desarrollan.

683: Desata tu chispa vibrante, deja que la creatividad pinte el mundo. La risa de Joy resuena, inspirando a todos los que la ven.

684: Los sueños se solidifican con voluntad enfocada, visualiza y luego esfuérzate. El cosmos se alinea manifestando tus deseos.

685:Este mensaje te anima a explorar tus creencias espirituales, meditar y conectarte con tu intuición. Profundizar su conexión espiritual puede traer claridad, paz y guía en el camino de su vida.

686: Nutre tu refugio interior, la paz florece en los momentos de tranquilidad. El cuidado personal riega tu alma, la alegría florece en tu interior.

687:Mientras acepta el cambio, recuerde mantener el equilibrio y la armonía en su vida. Tómese tiempo para el cuidado personal, el descanso y la relajación para afrontar este período dinámico con gracia.

688: Fluye la abundancia, un río cósmico. Recibe con los brazos abiertos, comparte bendiciones con generosidad.

689:Este número significa un momento para conectarse con su propósito superior y alinear sus acciones con su llamado espiritual. Confía en tu intuición y guía interior para guiarte por el camino correcto.

690: Libera, perdona y da la bienvenida a nuevos comienzos. Las lecciones aprendidas iluminan tu camino, te esperan infinitas posibilidades.

691:Tus ángeles te instan a que salgas de tu zona de confort y actúes para alcanzar tus objetivos. No espere el momento perfecto, comience ahora con pequeños pasos y gane impulso.

692:A veces, el momento del cambio puede no ser el esperado. Confía en que el Universo tiene un plan perfecto para ti y entrégate al fluir de la vida con fe y optimismo.

693: Deja volar tu espíritu creativo, pinta el mundo con tus pinceladas únicas. La risa de Joy resuena, encendiendo a los demás con tu audacia artística. El cosmos aplaude tu vibrante expresión.

694:Antes de tomar medidas, asegúrese de tener una base sólida. Esto podría implicar estabilidad financiera, relaciones de apoyo, un estilo de vida saludable y un claro sentido de dirección.

695: Acepta los vientos del cambio, deja que la transformación esculpe tu viaje. Libera el pasado, da la bienvenida a nuevos horizontes. El cosmos susurra promesas de renovación, bailando en la crisálida de tu ser.

696: Cultivar la paz interior, un jardín celestial alimentado por el autocuidado y la atención plena. Escuche los susurros de su alma, encuentre alegría en la quietud. El cosmos otorga serenidad a quienes la buscan.

697: Los ángeles te animanser claro y auténtico en su comunicación con los demás. Expresa tus necesidades, deseos y límites con confianza.

698:Se avecinan cambios importantes, pero están destinados a impulsarlo hacia adelante. Confía en que estos cambios son para tu mayor bien y abrázalos con el corazón abierto.

699: Sana con compasión, eleva con esperanza, sé un faro en la oscuridad. Su servicio enciende una constelación de bondad, transformando vidas con cada toque.

700: El cierre pinta el horizonte con lecciones aprendidas, un suave atardecer antes de nuevos comienzos. Libera los apegos, perdona las transgresiones, abre tu corazón a nuevos capítulos. El cosmos celebra finales que allanan el camino a infinitas posibilidades.

701: Confía en tu brújula interior, un mapa estelar dentro de tu alma. Navega con intuición, alineándote con tus deseos más profundos. El universo revela sus secretos a quienes confían en su guía interior.

702: WRecibe los cambios en tu vida con el corazón abierto. Estos cambios, aunque a veces puedan parecer desafiantes, lo están llevando hacia un mayor crecimiento personal y realización espiritual.

703: Libera tu chispa vibrante, deja que la creatividad baile por todo el mundo. Expresa tu risa única, encendiendo alegría en todos los que son testigos. El cosmos aplaude tu alma artística.

704: La voluntad enfocada esculpe la realidad, visualiza tus sueños con una fe inquebrantable. El universo se doblega a tu intención, manifestando deseos como constelaciones celestiales.

705:No se limite a esperar a que sucedan cosas, tome medidas inspiradas para alcanzar sus metas y sueños. Confía en tu intuición y en tus empujones internos para guiar tus pasos.

706: Nutre tu refugio interior, un santuario cultivado por el cuidado personal y la atención plena. Escuche los susurros de su alma, encuentre la paz en los momentos de tranquilidad. El cosmos otorga serenidad a quienes buscan consuelo en su interior.

707:Sepa que no está solo en este viaje. Tus ángeles te apoyan y guían en cada paso del camino. Confía en su presencia y guía divina.

708: Te animaspara conectarte con el llamado de tu alma y usar tus dones para generar un impacto positivo en el mundo. Considere la posibilidad de ofrecerse como voluntario, perseguir una pasión creativa o iniciar un proyecto que se alinee con sus valores.

709:Mientras persigue sus objetivos, recuerde mantener la armonía y el equilibrio en su vida. Prioriza el cuidado personal, conecta con tus seres queridos y nutre tu bienestar físico y emocional.

710: El cierre pinta el horizonte con lecciones aprendidas, un suave atardecer antes de nuevos comienzos. Libera los apegos, perdona las transgresiones, abre tu corazón a nuevos capítulos. El cosmos celebra finales que allanan el camino a infinitas posibilidades.

711:Tienes el poder de crear tu propia realidad. Enfoca tus pensamientos y acciones en tus deseos y confía en el Universo para que te apoye.

712: Celebra las diferencias, teje un tapiz de unidad, donde todas las voces encuentren su canto. El cosmos vibra con la música de la aceptación.

713: Da rienda suelta a tu espíritu creativo, pinta el mundo con tus pinceladas vibrantes. La risa de Joy salpica, encendiendo a los demás con tu audacia artística. El cosmos aplaude tu expresión desenfrenada.

714:No dejes que tus ambiciones te consuman. Mantenga un equilibrio entre perseguir sus objetivos y nutrir sus relaciones con sus seres queridos y con usted mismo.

715: Libera el pasado, da la bienvenida a los susurros de nuevos comienzos. El cosmos danza en la crisálida de tu ser, celebrando el abrazo de la renovación.

716: Cultiva la paz interior, un jardín celestial nutrido de amor propio y momentos de tranquilidad. Escuche los susurros de su alma, encuentre alegría en la quietud. El cosmos otorga serenidad a quienes buscan refugio en su interior.

717: Sumérgete profundamente en el pozo de la sabiduría, donde la intuición ilumina caminos ocultos. Conéctate con tu yo superior, expande tu comprensión cósmica. Las estrellas susurran secretos a quienes escuchan con el corazón abierto.

718:Tienes el poder de atraer abundancia a tu vida. Enfoca tus pensamientos y acciones en tus deseos, cultiva la gratitud por lo que tienes y confía en que el Universo cubrirá tus necesidades.

719: Este es unempujón para construir una base sólida en su vida, ya sea seguridad financiera, relaciones de apoyo o un fuerte sentido de propósito. Esto proporciona estabilidad para su crecimiento y éxito.

720: Libera los apegos, perdona las transgresiones, abre tu corazón a nuevos capítulos. El cosmos celebra finales que allanan el camino a infinitas posibilidades.

721:Antes de tomar medidas, asegúrese de tener una base sólida. Esto podría implicar establecer objetivos claros, crear un plan y desarrollar las habilidades y recursos necesarios.

722: esEs hora de profundizar tu conexión con tu sabiduría e intuición internas. Presta atención a tus sueños, sincronicidades y corazonadas, ya que te guiarán hacia las decisiones y acciones correctas.

723: Da rienda suelta a tu espíritu creativo, deja que el pincel de tu alma pinte el mundo. La risa rebota y enciende la alegría como un reguero de pólvora. El cosmos aplaude tu audaz arte.

724: La voluntad enfocada esculpe la realidad, los sueños están grabados con una creencia inquebrantable. El universo se inclina ante tu intención, manifestando deseos como constelaciones brillantes.

725: Deshazte de la piel vieja, da la bienvenida a nuevos horizontes. El cosmos susurra promesas de renovación, guiándote a través de la época del cambio.

726: Nutre tu santuario interior, un refugio celestial bañado de amor propio y quietud. Escuche la canción de cuna de su alma, encuentre la paz en los momentos de silencio. El cosmos otorga serenidad a quienes buscan consuelo en su interior.

727: Conéctate con tu yo superior, expande tu comprensión cósmica. Las estrellas susurran secretos a quienes escuchan con el corazón y la mente abiertos.

728:Presta atención a tu sabiduría interior, a tus sueños y a tus sincronicidades. Ellos te guiarán hacia el camino correcto y te ayudarán a tomar decisiones alineadas con tu propósito superior.

729:Con su enfoque alineado y una acción inspirada, su capacidad para manifestar sus deseos aumenta. Cree en tu poder y confía en el Universo para apoyar tu viaje.

730: El cierre pinta el horizonte con lecciones aprendidas, una suave despedida antes de nuevos comienzos. Libera los apegos, perdona las transgresiones, abre tu corazón a nuevos capítulos. El cosmos celebra finales que allanan el camino a infinitas posibilidades.

731: Tu fuego creativo arde con fuerza, la intuición es tu antorcha guía. Atrévete a soñar, da el salto, tu influencia pinta el mundo de tonos vibrantes.

732: Los susurros del alma gemela llenan el aire, la sinfonía del amor espera. Construyan puentes de confianza, fomenten la compasión y juntos su refugio prosperará.

733: Las sombras del miedo se desvanecen ante la luz de la sabiduría, la intuición susurra coraje. Abraza nuevos comienzos, ten fe en tus alas, vuela más allá de las limitaciones.

734: Los ángeles bailan a tu lado, susurran apoyo en cada brisa. Cree en tu divinidad, manifiesta tus sueños, el universo aplaude tu viaje.

735: este mensajesugiere un período de mayor crecimiento espiritual y conexión. Es posible que experimente una mayor intuición, sincronicidades o una comprensión más profunda del propósito de su vida.

736: Nutre tus raíces, haz comunitario tu jardín. La paz interior florece, las conexiones florecen, la cosecha del amor se desborda.

737:FEncuentra armonía entre tus aspiraciones espirituales y tus responsabilidades terrenales. Crea una vida que nutra tanto tu alma como tu cuerpo.

738:Utilice su abundancia y talentos para ayudar a los demás. Sé fuente de luz e inspiración para quienes te rodean y contribuye al bien mayor de la humanidad.

739:MGrandes transformaciones están en el horizonte. Acepta estos cambios con valentía y confía en que te llevarán a un futuro mejor.

740: El cierre pinta una suave puesta de sol, las lecciones aprendidas son como estrellas guía. Libérate con gracia, abraza nuevos horizontes, nuevos comienzos bailan en la brisa de la mañana.

741:Mientras persigue sus objetivos, recuerde mantener el equilibrio en su vida. Tómese un tiempo para descansar, relajarse y estar con sus seres queridos. No dejes que la ambición te consuma a costa de tu bienestar.

742: Los ángeles dicen que esEs hora de prestar atención a tus sueños, sincronicidades y corazonadas, ya que te guiarán hacia las decisiones y acciones correctas.

743: Libera tu espíritu vibrante, deja que el pincel de tu alma pinte el mundo de nuevo. La risa se derrama como la luz del sol, encendiendo alegría en cada rincón. El cosmos aplaude tu audaz arte.

744:Utilice sus logros y talentos para contribuir al bien común. Sirve a los demás, apoya a tu comunidad y genera un impacto positivo en el mundo.

745:Al aceptar el cambio, asegúrese de contar con una base estable. Esto podría implicar seguridad financiera, relaciones de apoyo o un sentido claro de propósito.

746: Nutre tu santuario interior, un refugio celestial tejido con amor propio y momentos de tranquilidad. Escucha la canción de cuna de tu alma, encuentra la paz en la silenciosa sinfonía de tu ser. El cosmos otorga serenidad a quienes buscan consuelo en su interior.

747:Preste mucha atención a sus instintos y sueños. 735 te anima a confiar en tu intuición y a tomar decisiones basadas en tu sabiduría interior.

748:Mientras persigue sus metas y su propósito superior, no descuide su bienestar físico y mental. Tómese tiempo para descansar, relajarse y realizar actividades que le brinden alegría.

749: El universote permite manifestar tus deseos a través de tu creatividad y autoexpresión. Concéntrese en pensamientos y acciones positivas para atraer abundancia y satisfacción.

750: Libera los lazos con gracia, perdona suavemente, abre tu corazón a nuevos capítulos. El cosmos celebra finales que allanan el camino a infinitas posibilidades.

751:Los desafíos no son obstáculos, sino peldaños hacia el crecimiento. Aprenda de sus errores, adapte su enfoque y siga avanzando con determinación inquebrantable.

752: Confía en tus socios, comparte tus fortalezas, juntos armonizas, las metas bailan hacia el cumplimiento.

753: La risa de Joy se derrama como la pólvora, encendiendo pasiones largamente reprimidas. Libera tu chispa única, expresa tu alma vibrante, el mundo espera tu danza radiante.

754: El universo lo alienta a cultivar la compasión, construir relaciones de apoyo y cuidar a quienes lo rodean.

755: Los ángeles susurran sobre el cambio. SSal de tu zona de confort, aprende cosas nuevas y evoluciona como persona. Acepta los desafíos como oportunidades de crecimiento y autodescubrimiento.

756: Nutre tu jardín interior, cultiva la paz en medio de los torbellinos de la vida. La autocompasión riega tu espíritu, los momentos tranquilos florecen con serenidad, deja que tu santuario florezca en tu interior.

757: Conéctate con tu yo superior, expande tu comprensión cósmica a través de la meditación y la oración silenciosa, secretos antiguos esperan tu corazón que escucha.

758: Reconoce el río interminable de abundancia, que fluye hacia tus palmas abiertas. Recibe con gratitud, comparte con generosidad, el universo prospera con tu corazón abierto y tu espíritu generoso.

759: El universote recuerda que debes encontrar armonía entre tus aspiraciones espirituales y tus responsabilidades terrenales. Crea una vida que nutra tanto tu alma como tu cuerpo.

760: Libera los apegos con gracia, perdona como las flores en flor, abre tu corazón a los campos frescos. El cosmos celebra finales que allanan el camino hacia interminables praderas de posibilidades.

761:Los ángeles te dicen que prestes atención a tus instintos y a tus empujones intuitivos. Ellos lo guiarán hacia las decisiones y acciones correctas a tomar.

762:Explora la meditación, la oración u otras prácticas espirituales para profundizar tu intuición y la comprensión de tu sabiduría interior.

763:RAlivia las creencias limitantes, las heridas del pasado o las energías negativas que te están frenando. Abrace el perdón y avance con borrón y cuenta nueva..

764:SMeta metas ambiciosas, tome medidas inspiradas y confíe en su capacidad para manifestar sus deseos.

765: este mensajeapunta hacia la comunicación abierta y el trabajo en equipo. Sea receptivo a colaborar con otros en proyectos y compartir sus ideas.

766: Nutre tu santuario interior, un refugio celestial bañado por rayos de luna y oraciones susurradas. Escucha la canción de cuna de tu alma, encuentra la paz en la silenciosa sinfonía de tu ser.

767: Recuerdala importancia de priorizar tu salud física y mental. Tómese el tiempo para prácticas de cuidado personal y actividades que le brinden alegría..

768:¡Un viaje emocionante está por delante! Aprovecha nuevas oportunidades, explora caminos diferentes y no temas salir de tu zona de confort.

769: Los ángeles hablan de positivo. cambios, recuerde que estos cambios pueden desarrollarse a su propio ritmo.

Confía en que el universo tiene un plan para ti y sé paciente con el momento en que se desarrolla.

770: El cosmos susurra un cierre. Libera lo viejo y abre tu corazón a nuevos comienzos.

771: Las alas de ángel susurran coraje, intuyen tu brújula celestial. Alineate con tu chispa divina, salta con fe, la victoria baila en luz celestial.

772: La armonía resuena en los coros angelicales, la comprensión salva todos los huecos. Celebra la diversidad, teje un tapiz de amor, donde las diferencias cantan en coro celestial.

773: Libera tu espíritu radiante, deja que tu alma pinte el mundo con matices divinos. La risa se derrama como el canto de un ángel, encendiendo alegría en cada rincón, el cosmos aplaude tu gracia artística.

774:Nutre tus sueños y aspiraciones con cuidado y atención. Desarrolle un plan claro, reúna recursos y tome medidas consistentes para hacer realidad sus objetivos.

775:Ten paciencia y confía en que el Universo tiene un plan perfecto para ti. Incluso en medio de retrasos o contratiempos, manténgase positivo y centrado en sus objetivos.

776: Nutre tu santuario interior, un refugio tejido con susurros divinos y momentos de tranquilidad. Escuche la canción de cuna de su alma, encuentre la paz en el silencio celestial, deje que su espíritu disfrute de la serenidad angelical.

777: Este es un mensaje de que tus ángeles te rodean con amor, guía y apoyo. Confía en que todo lo que sucede en tu vida te está llevando hacia tu mayor bien.

778: Los ángelesLe recuerdan que el cambio es inevitable y que la capacidad de adaptarse será clave para afrontar este período con éxito. Sea flexible, tenga la mente abierta y aprenda de sus experiencias.

779: Sana con un toque de compasión de ángel, eleva con un susurro de esperanza, sé un faro en la oscuridad, tu servicio pinta una constelación de bondad.

780: Libera apegos con gracia, perdona con alas de ángel, abre tu corazón a capítulos nuevos, bendecidos por el cosmos.

781: Los susurros iluminados por las estrellas llenan el aire, los guías celestiales te empujan hacia tu destino. Confía en su guía centelleante, salta con fe, tu camino brilla como un cometa a través de la noche aterciopelada.

782:Confía en tus instintos y en tu sabiduría interior, ya que te guiarán hacia el camino correcto.

783:Expresando gratitud por las bendiciones en tu vida. Muestra aprecio por lo que tienes y comparte tu abundancia con los demás.

784: El universo se inclina ante tu mirada inquebrantable, manifestando deseos como galaxias arremolinándose en la noche celestial.

785:Los pensamientos y afirmaciones positivas atraen experiencias positivas, mientras que las negativas pueden crear obstáculos. Cambie su enfoque hacia el optimismo y la gratitud para ver florecer su vida.

786: Escucha tu voz interior, encuentra la paz en el silencio cósmico, deja que tu espíritu disfrute del abrazo celestial.

787:Experimentarás cambios significativos en tu vida, lo que te llevará a una versión de ti mismo más empoderada y alineada. Acepta estos cambios con el corazón abierto y confía en que son para tu mayor bien.

788:DContinúa tu conexión con tu propósito superior y tu verdad espiritual. Explora diferentes prácticas espirituales, medita y busca la guía de tu intuición.

789: Este es un Mensaje fuerte de que tus ángeles te están rodeando de amor, apoyo y aliento. Le instan a seguir adelante con sus objetivos y aceptar el viaje que le espera.

790: El cierre pinta el horizonte con lecciones aprendidas, una dulce despedida antes de nuevos amaneceres. Libera los apegos con gracia, perdona como nebulosas en flor, abre tu corazón a galaxias frescas, bendecidas por los seres celestiales.

791: Las alas de ángel susurran en tu oído, intuye tu brújula celestial. Navega sin miedo por caminos inciertos, la luz del ángel guía cada uno de tus pasos. La victoria baila a tu paso, querido, confía en tu espíritu inquebrantable.

792: WRecibe los cambios en tu vida con el corazón abierto. Estos cambios, aunque a veces puedan parecer desafiantes, lo están llevando hacia un mayor crecimiento personal y realización espiritual.

793: Desata tu espíritu radiante, deja que tu alma encienda el mundo de alegría. La risa se derrama como la luz del sol, la sonrisa de un ángel brilla sobre tu arte. Expresa tu esencia vibrante, tu chispa única enciende los corazones.

794: El universo se inclina ante tus oraciones susurradas, la mano del ángel guía tus deseos hacia la realización. Manifiesta tus sueños con confianza celestial, las estrellas se alinean con tu voluntad.

795:Explora la meditación, la oración u otras prácticas espirituales para profundizar tu intuición y la comprensión de tu sabiduría interior.

796: Nutre tu santuario interior, un refugio tejido con susurros celestiales y momentos de tranquilidad. Las alas de ángel alejan las ansiedades, encuentran la paz en la silenciosa sinfonía de tu ser. Dentro de tu santuario te espera la serenidad.

797:Presta atención a tus sueños, sincronicidades y empujones internos, ya que te guiarán hacia las decisiones y acciones correctas. Este es un momento de crecimiento, sabiduría y comprensión.

798:Tus dones y talentos están destinados a ser compartidos con el mundo. Úselos para servir a los demás, generar un impacto positivo y contribuir a un mundo mejor.

799:Acepta los cambios con el corazón abierto y confía en que te llevarán hacia un propósito más elevado y un mayor crecimiento personal.

800: Libera los apegos con gracia, el perdón del ángel florece como flores silvestres. Abre tu corazón a nuevos capítulos, el cosmos celebra finales que allanan el camino hacia infinitas posibilidades.

801: La intuición grita rebelión, atrévete a ser diferente. La victoria espera tu chispa única, reescribe las reglas, abraza al inconformista.

802: La armonía prospera en la diversidad, celebra cada voz. Construyan puentes de entendimiento, juntos brillarán más.

803: Levántate de las cenizas, ríe ante la duda. Desata tu fuego interior, la alegría es tu arma, extiende tus alas y vuela.

804:Mientras persigue sus ambiciones, no descuide su bienestar espiritual. Explora diferentes prácticas, conéctate con tu propósito superior y cultiva la paz y la armonía interiores.

805: La transformación es tu danza, deshazte de las limitaciones, abraza nuevos horizontes. El cosmos susurra posibilidades, confía en lo desconocido, conviértete en quien debes ser.

806: La paz interior es tu refugio, suelta las cargas, encuentra consuelo en el silencio. La gracia del ángel te rodea, nutre tu sagrado santuario.

807:Enfoca tus pensamientos y acciones en tus metas y deseos con una fe inquebrantable en tu capacidad para hacerlos realidad. El Universo apoya tus esfuerzos, así que mantén una actitud positiva y toma medidas inspiradas.

808: La abundancia fluye libremente, recibe con gratitud, comparte con el corazón abierto. Tu generosidad bendice al mundo, recuerda, dando combustible a la abundancia.

809: Sana con compasión, eleva con esperanza, sé un faro en la oscuridad. Tu amabilidad pinta constelaciones de cambio, toca vidas con tu suave brillo.

810: Las lecciones aprendidas pintan el horizonte, libera apegos con gracia. Perdona como flores en flor, abre tu corazón a nuevos comienzos. El cosmos celebra finales que conducen a infinitas posibilidades.

811:Tus pensamientos e intenciones se están alineando con el Universo, allanando el camino para la prosperidad material y espiritual. Mantén una actitud positiva, concéntrate en tus objetivos y confía en que tienes el poder de crear la vida que deseas.

812: Los ángeles susurran que está destinada una conexión con el alma gemela. Fomente nuevas relaciones y sienta cómo florece el amor.

813: Presta atención a la sabiduría susurrada desde dentro, un coro celestial que guía tus pasos. Conquista los miedos con la espada de la acción, el coraje de un caballero allanando el camino para nuevos amaneceres. Permaneced siempre alineados con el diseño divino, una brújula grabada en vuestra alma.

814: ÁngelesLe instamos a aprovechar su confianza en sí mismo y abrazar su poder personal. Cree en tus habilidades, toma decisiones audaces y hazte cargo de tu vida.

815:Cree en tu capacidad para manifestar tus deseos. Establezca intenciones claras, visualice sus objetivos y tome medidas inspiradas para lograrlos.

816: Construir un santuario de paz, un refugio donde la comunidad prospere. Nutre el jardín de la conexión, encontrando consuelo en el gentil acto de servicio, cada semilla de bondad fortalece los vínculos que lo unen.

817:Mientras acepta el cambio y persigue sus objetivos, recuerde cultivar la paz y el equilibrio interior.

818:Cree en tu capacidad para manifestar tus sueños y metas. Enfoca tus pensamientos y acciones en lo que deseas y confía en el Universo para que te apoye.

819: Deja que tus dones espirituales sean un faro de luz, elevando a otros como un amanecer celestial.

820: Cierre, una suave ola bañando las costas de tu pasado, lecciones aprendidas como conchas marinas reunidas en la playa. Libera la carga con gracia, porque nuevas puertas están entreabiertas, prometiendo nuevos capítulos tejidos con hilo celestial.

821: Deja que el optimismo sea tu brújula, un camino iluminado por el sol que conduzca a la acción inspirada. Conviértete en un faro de esperanza, un faro que atraviesa las sombras con la llama radiante de tu espíritu.

822: estoes un recordatorio de la presencia y el apoyo de tus ángeles. Lo alientan en su viaje y le ofrecen orientación cuando es necesario. Confía en que no estás solo y busca su apoyo cuando sea necesario.

823: Deja que tu verdadero yo se muestre. Di tu verdad y se te abrirán nuevas oportunidades.

824: Genera abundancia, no solo con dinero, sino con alegría y propósito. Con la fe como brújula y la acción como corcel, conquista tus metas y pinta tu mundo con los colores del éxito.

825: Abraza la metamorfosis, una mariposa que se desprende de su capullo. Deja atrás el pasado, una hoja marchita que cae, y adéntrate en el amanecer del crecimiento personal.

826: Nutre tu santuario, un refugio donde prosperan los lazos familiares. Encuentra la paz en el abrazo del amor, un tapiz celestial tejido con hilos de calidez y comprensión.

827: Los ángelesrecordarle que debe priorizar el cuidado personal, la atención plena y las actividades que le brinden alegría. La abundancia fluye mejor cuando mantienes un estado de ser armonioso.

828:Incluso en medio de la emoción de la aventura y el cambio, recuerde cultivar la paz y la armonía interiores. Practica el cuidado personal, la atención plena y actividades que te brinden alegría.

829:Confía en tu conexión con lo divino y permite que tu intuición te guíe. Mire sus sueños y confíe en sus instintos.

830: Cierre, un suave suspiro cuando se cierra el capítulo final. Abrace nuevas perspectivas, páginas aún por escribir y adéntrese en el amanecer de nuevos comienzos.

831: Toma medidas decisivas, querido, guiado por la brújula de tu intuición. Cada paso, inspirado por susurros internos, te lleva hacia tu destino divino.

832: Dentro de las asociaciones, busque el equilibrio, una danza celestial donde las diferencias se disuelven en la suave música de la comunicación. Dejen que la verdad sea su puente, un arco iris que se arquee a través de las divisiones, sanando corazones y fomentando la comprensión.

833: Deja que tu voz auténtica sea un llamado a un cambio positivo. Inspira con la verdad que arde dentro de ti, un sol que enciende el espíritu de los demás con tu visión.

834: La fe en tus sueños es el combustible que te impulsa hacia adelante. Persevera con confianza, porque manos angelicales te sostienen incluso en las tormentas más oscuras. Recuerda, nunca estás solo.

835:El Universo apoya tus esfuerzos cuando alineas tus pensamientos y acciones con tu verdadero propósito.

836: Construye un refugio seguro para tus amigos y seres queridos. Esté ahí para los demás y ellos le devolverán el favor.

837: El universote anima a profundizar tu conexión con tu yo superior, tu intuición y tu sabiduría interior. Presta atención a tus sueños, sincronicidades y corazonadas mientras te guían en tu viaje espiritual.

838: Expresa gratitud por las bendiciones en tu vida y el apoyo que recibes de tus ángeles.

839: Deja que tus dones espirituales sean linternas en la oscuridad, arrojando luz de curación e inspiración sobre el mundo. A medida que utilizas tus habilidades para trabajar con la luz, te conviertes en un faro de esperanza que guía a otros hacia su propio resplandor interior.

840: El cierre llama, una mano suave que cierra el capítulo final del pasado. Aprenda de las lecciones grabadas en sus páginas y prepárese para los nuevos capítulos que aún están por escribirse.

841: Los ángeles te guían hacia nuevos comienzos. Abrace el potencial que hay dentro de usted y observe cómo su vida florece con posibilidades radiantes.

842: Un suave empujón de los ángeles despierta tus metas. Caminan a tu lado, ofreciéndote apoyo y orientación mientras te esfuerzas por alcanzar tus sueños.

843: Los ángeles susurran aliento, instándote a aceptar el cambio. Así como una oruga se transforma en mariposa, tú también estás llamado a liberar la belleza que llevas dentro.

844: Los ángeles caminan a tu lado celebrando tu viaje. Siente su amorosa presencia rodeándote, recordándote que nunca estás solo.

845: Expresa tu creatividad, deja que tu voz se encienda y observa cómo crece tu influencia. Ilumina el mundo con tu chispa única e inspira a otros.

846: Construye un santuario de paz, sirve con el corazón abierto y observa cómo se profundizan las conexiones. Fomente la paz y fomente conexiones armoniosas con quienes lo rodean.

847:Enfoca tus pensamientos y acciones en tus metas con una fe inquebrantable y confía en que el Universo te está apoyando para hacerlas realidad.

848: Acepta tu valor y tu potencial ilimitado. Recibe la abundancia con gratitud y comparte tus dones libremente. Reconoce tu valor y deja que tus dones enriquezcan al mundo.

849: Este mensaje del universo.Lleva la energía de la manifestación y la abundancia. Enfoca tus pensamientos y acciones en tus deseos y cree en tu capacidad para hacerlos realidad.

850: Cierra el pasado con gracia, aprende sus lecciones y abraza las emocionantes puertas de nuevos comienzos. Honra las lecciones del pasado, pero permítete pasar página y abrazar nuevas posibilidades.

851: Enciende tu fuego creativo, deja que se escuche tu voz única y expande tu influencia en el mundo.

852: La conexión de tu alma gemela te espera. Construya una asociación amorosa basada en la confianza y cúbrala con cuidado.

853: Confía en la sabiduría que llevas dentro. Venza sus miedos con acción y abrace los nuevos y emocionantes caminos que le esperan.

854: Estás rodeado de apoyo angelical. Cree en ti mismo y confía en la guía que recibes.

855: Expresa tu alegría en tus relaciones. Colabora creativamente y observa cómo florecen tus asociaciones artísticas.

856: Construye un hogar lleno de amor para ti y tus seres queridos. Nunca des por sentado estas relaciones. Son realmente especiales..

857: Profundiza tu comprensión espiritual. Explora la sabiduría del universo y busca conocimiento que guíe tu camino.

858: Reconoce tu valor y potencial. Recibe la abundancia con gratitud y comparte tus dones libremente con el mundo.

859: Los ángeles te animan a ayudar a los demás. Tus vibraciones positivas tendrán eco en el universo.

860: aprende de las lecciones del pasado y prepárate para nuevos y emocionantes capítulos. Libera el pasado con gracia y avanza con el corazón abierto.

861: Acepta los desafíos de frente, encuentra fuerza dentro de ti mismo y supera los obstáculos para emerger más fuerte. Te espera un nuevo capítulo en tu carrera, listo para que brille tu voz única.

862: UnEn medio del cambio, mantén el equilibrio y la armonía en tu vida. Cuida tu bienestar físico y emocional, prioriza el cuidado personal y busca actividades que te traigan alegría. Una vida equilibrada te permite abordar la transformación con gracia y una mentalidad positiva.

863: Confía en tu sabiduría interior, tu brújula guía. Toma acción para conquistar tus miedos y abrazar nuevos comienzos. Recuerde, su vida está alineada con un propósito divino, así que manténgase enfocado y persiga sus sueños.

864: Los ángeles te susurran aliento al oído. Cree en ti mismo y en tus habilidades, confiando en la guía que recibes tanto desde dentro como desde arriba.

865: Deja que la alegría sea tu fuerza impulsora en las relaciones. Colabore creativamente con otros, comparta inspiración y observe cómo florecen las asociaciones artísticas.

866: Tu pLos pensamientos y acciones positivos atraen prosperidad y riqueza. Le anima a permanecer centrado en sus objetivos, confiar en el tiempo del universo y tomar medidas inspiradas para lograr sus deseos.

867: Profundiza tu conexión con lo divino. Explora la sabiduría del universo y busca conocimiento para expandir tu conciencia y comprensión.

868: Reconoce tu valor intrínseco y el vasto potencial que hay dentro de ti. Recibe la abundancia con gratitud y comparte tus dones generosamente, porque la prosperidad fluye libremente cuando la generosidad abre el camino.

869: Usa tus dones espirituales para traer luz y curación al mundo. Sé un faro de esperanza, inspirando a otros con tu compasión y elevándolos con tu espíritu radiante.

870: El cierre trae claridad y sabiduría. Aprende de las experiencias del pasado y luego libéralas con gracia. Nuevas puertas están abiertas, invitándolo a abrazar nuevos comienzos y posibilidades emocionantes.

871: Enciende tu fuego creativo, deja rugir tu voz única y expande tu influencia en el mundo. Te esperan nuevos comienzos profesionales, listos para tu apasionada exploración.

872: Una conexión profunda con alguien nuevo está en el horizonte. Construya una asociación de apoyo, un refugio donde el amor prospere y la comprensión florezca. Recuerde, la confianza es la piedra angular de este vínculo sagrado.

873: Confía en tu sabiduría interior, susurra la verdad en los rincones tranquilos de tu alma. Venza los miedos con acciones decisivas, adoptando nuevos comienzos como peldaños hacia su propósito divino.

874:El cambio es inevitable y a menudo conduce a una mayor satisfacción. Confía en el tiempo del Universo y acepta los cambios que se te presenten como oportunidades de crecimiento y expansión.

875:Mientras busca el cambio y el crecimiento, no descuide la importancia de una base sólida. Esto podría implicar generar seguridad financiera, establecer relaciones saludables o desarrollar habilidades esenciales.

876:Mientras busca la abundancia material, sea consciente de su bienestar espiritual y emocional. Los ángeles te recuerdan que debes cultivar la paz interior, nutrir tus relaciones y retribuir a los demás..

877: miAcepta los cambios que se avecinan con valentía y sabiduría. Esté abierto a nuevas oportunidades, aprenda de sus experiencias y adáptese con flexibilidad.

878: Reconoce tu valor, un diamante deslumbrante que brilla con potencial. Recibe la abundancia con los brazos abiertos, un cáliz rebosante de bendiciones. Comparte tus dones libremente, porque en la generosidad la prosperidad se multiplica.

879: Eleva, inspira y sana con el suave toque de tu compasión. Sea un faro de esperanza, abriendo el camino hacia un mundo más brillante.

880: El cierre y las lecciones aprendidas susurran en el viento. Libera el pasado con gracia, ya que te prepara para nuevos y emocionantes capítulos. Se abren nuevas puertas que lo invitan a abrazar nuevos comienzos y posibilidades ilimitadas.

881: Libera la estrella de rock que llevas dentro, deja que tu voz rompa las expectativas y observa cómo tu influencia explota como una supernova. Los horizontes profesionales se extienden infinitamente, listos para tu audaz pincel.

882: Tu alma gemela, la pieza que falta en tu rompecabezas cósmico, te espera a la vuelta de la esquina. Construya una asociación sobre la base de la confianza, una canción de amor donde la comprensión suena como una canción de cuna.

883: Confía en tu instinto, ese sabio oráculo que susurra la verdad desde tu núcleo. Conquista los miedos con el espíritu de un guerrero, adoptando nuevos comienzos como peldaños hacia el gran diseño de tu alma.

884: Los susurros angelicales rozan tus sueños y te recuerdan tu potencial ilimitado. Cree en la sinfonía que suena dentro de ti, un mapa celestial que guía cada uno de tus movimientos.

885: Deja que la alegría sea el confeti que espolvoreas en cada conexión. Colabore con abandono imprudente y observe cómo las asociaciones artísticas florecen como jardines bañados por la luz de la luna.

886: Construye un refugio donde la bondad sea la moneda, una comunidad tejida con hilos de compasión. Sirve con los brazos abiertos, sabiendo que al dar, tu propia paz florece como mil flores silvestres.

887:Mientras luchas por la abundancia, recuerda la importancia del equilibrio espiritual. Esto te recuerda que la verdadera realización no solo proviene del éxito material sino también de conectarte con tu propósito superior y servir a los demás.

888: Este mensaje de los ángeles.significa desbloquear todo tu potencial y lograr la maestría personal. Le recuerda sus capacidades y lo alienta a luchar por el éxito en todos los aspectos de su vida.

889: ¡Tus ángeles te animan! Sea un ejemplo de esperanza e inspiración para los demás.

890: El cierre llega como un suave suspiro, el capítulo final susurrado en el viento. Libera el pasado con la gracia de una hoja que cae, porque hay nuevas puertas entreabiertas que prometen aventuras bañadas por la luz dorada de nuevos comienzos.

891: Deja que tu fuerza creativa explote, tu voz resuene poderosamente y observa cómo tu influencia se propaga por el mundo. Nuevas alturas profesionales te llaman, esperando tu ambicioso ascenso.

892: Tu conexión destinada está cerca, un eco armonioso esperando ser cantado. Cultive una relación basada en una confianza inquebrantable, donde el amor florece bajo la suave luz de la comprensión.

893: Presta atención a los sabios susurros internos, el oráculo que te guía desde lo más profundo de tu alma. Enfréntate a tus miedos de frente y acepta nuevos comienzos como peldaños en tu camino divinamente guiado.

894: Cree en tu propia fuerza y capacidad, porque tu potencial es ilimitado. Confía en los susurros intuitivos que te guían hacia tu futuro destinado.

895: Ángelesrecordarle la importancia de la bondad y la compasión. Extiende estas cualidades a ti mismo y a los demás, fomentando conexiones positivas y creando un mundo más armonioso.

896: Ofrece tu servicio con el corazón abierto, pues los actos de bondad siembran las semillas de la paz y fortalecen los hilos de conexión.

897:Tus ángeles están contigo en este viaje. Le aseguran su amor y apoyo. Confía en que eres guiado y protegido, incluso en medio de los desafíos.

898: Abraza con gratitud la abundancia, cáliz rebosante de bendiciones. Comparte tus dones libremente, sabiendo que la generosidad multiplica la prosperidad para todos.

899: este númerosignifica un período de transformación significativa en su vida, que conduce a una mayor abundancia y prosperidad. Acepta los cambios, incluso si son desafiantes al principio, ya que te llevarán hacia un futuro más satisfactorio y exitoso.

900: Libera el pasado con gracia, ya que prepara el terreno para que florezcan nuevos y vibrantes capítulos. Nuevas puertas están abiertas, invitándote a entrar en un mundo de posibilidades ilimitadas, bañado por la luz dorada de nuevos comienzos.

901: El optimismo es tu brújula. Tome medidas inspiradas, sea un faro de esperanza y observe cómo crece su influencia.

902: La armonía prospera en asociaciones equilibradas. Comuníquese abiertamente, haga concesiones con respeto y observe cómo florece el amor.

903: Expresa tu verdad auténticamente. Tus palabras pueden sanar, inspirar y compartir sabiduría valiosa.

904:Antes de tomar medidas, asegúrese de tener una base sólida. Esto podría implicar estabilidad financiera, relaciones de apoyo, un estilo de vida saludable y un claro sentido de dirección.

905: Acepta el cambio, libera las limitaciones. El crecimiento personal le espera a medida que avanza hacia nuevos comienzos.

906: Nutre tu hogar, fortalece los lazos familiares. Encuentra paz y alegría en el santuario del amor.

907: Profundiza tu conexión espiritual. Explora la guía divina, busca la sabiduría y amplía tu comprensión.

908: Los ángeles quieren que reconozcas tu valor inherente y tu vasto potencial. Recibe la abundancia con gratitud y comparte generosamente tus dones.

909: Utiliza tus dones espirituales para el servicio. Sana con compasión, eleva a los demás y sé una luz guía.

910: El cierre aporta claridad y nuevas perspectivas. Aprenda del pasado, libérelo con gracia y abra nuevas puertas emocionantes.

911: La intuición guía tus pasos. Toma medidas decisivas, impulsadas por los susurros de tu alma, y observa cómo se manifiestan tus sueños.

912: El equilibrio florece dentro de las asociaciones. Deja que la comunicación sea tu puente, construyendo entendimiento y fortaleciendo los vínculos del amor.

913: Di tu verdad. Es un llamado a un cambio positivo. Inspira con autenticidad y observa cómo tu visión enciende los corazones de los demás.

914: La fe es tu ancla, tu luz guía. Navega hacia tus objetivos con confianza inquebrantable, sabiendo que los ángeles caminan a tu lado.

915: El universote anima a acoger los cambios en tu vida con el corazón abierto. Estos cambios, aunque a veces puedan parecer desafiantes, lo están llevando hacia un mayor crecimiento personal y realización espiritual.

916: El universoLo alienta a estar abierto a nuevas oportunidades relacionadas con su carrera, sus finanzas o su crecimiento personal. Confía en tu intuición y actúa cuando se te presente un camino prometedor.

917: Los ángeles cantanun período de transformación significativa en tu vida. Esto podría implicar cambios importantes en su carrera, sus relaciones o incluso su propio yo interior. Acepta estos cambios con el corazón abierto y confía en que te llevarán hacia una mayor alineación y realización.

918: Reconoce el tesoro que hay dentro, un diamante que brilla con un potencial ilimitado. Acepta la abundancia con gratitud y deja que tu generosidad fluya libremente, enriqueciendo el mundo que te rodea.

919:FEnfoca tus pensamientos y acciones en tus deseos. Cree en tu capacidad para manifestar tus objetivos y tomar medidas inspiradas para alcanzarlos.

920: Closure susurra una suave despedida, llevando la sabiduría de las lecciones aprendidas. Liberen el pasado con paz, ya que prepara el terreno fértil para que se desarrollen nuevos comienzos vibrantes.

921: Acepta los desafíos como trampolines. Desarrolla fuerza interior, supera obstáculos y emerge más fuerte y más sabio. Te espera un nuevo capítulo profesional, listo para que lo explores con confianza.

922: Construya una asociación, personal o profesional, donde la confianza y la comprensión resuenen como una melodía armoniosa. Adopte el respeto y el apoyo mutuos.

923: Vence los miedos con acciones decisivas, acepta nuevos comienzos como puertas a tu propósito divinamente guiado. Recuerde, su camino está iluminado por su potencial único.

924:Utilice sus logros y talentos para contribuir al bien común. Sirve a los demás, apoya a tu comunidad y genera un impacto positivo en el mundo.

925: esEs hora de profundizar tu conexión con tu sabiduría e intuición internas. Presta atención a tus sueños, sincronicidades y corazonadas, ya que te guiarán hacia las decisiones y acciones correctas.

926:RRecuerde que la verdadera abundancia va más allá de las posesiones materiales y también incluye paz interior, amor y relaciones significativas.

927: Profundiza tu conexión espiritual, explora el vasto cosmos interior. Busca conocimientos que amplíen tu comprensión, como la luz de las estrellas que ilumina tu camino. Recuerde, los susurros de sabiduría están a su alrededor para aquellos que escuchan con el corazón abierto.

928: estoSignifica un período de cambio positivo y transformación en tu vida. Esto podría implicar avance profesional, ganancias financieras o el logro de metas personales.

929:El Universo te está apoyando, así que no temas soñar en grande y esforzarte.

930:Tus pensamientos e intenciones se están alineando con el Universo, allanando el camino para la prosperidad material y espiritual. Mantén una actitud positiva, concéntrate en tus objetivos y confía en que tienes el poder de crear la vida que deseas.

931: Conquista los desafíos con concentración y resiliencia. Emerge más fuerte y más sabio, listo para abordar nuevas fronteras profesionales.

932: Los susurros del alma gemela se acercan. Construye un remanso de confianza y comprensión, donde florezca el amor.

933:Preste atención a sus instintos y a su guía interior al tomar decisiones relacionadas con las finanzas o la carrera.

934:No te limites a soñar, nutre activamente tus metas y deseos con amor, dedicación y energía positiva. Invierte tiempo y esfuerzo en hacer realidad tus sueños.

935: Infunde alegría en tus relaciones, colabora creativamente y observa cómo florecen tus asociaciones.

936: El universole recuerda que debe mantener el equilibrio y el sentido de responsabilidad incluso en medio de cambios positivos. Le anima a gestionar sus recursos sabiamente y priorizar su bienestar.

937: Profundiza en tu comprensión espiritual, busca el conocimiento e ilumina tu camino como una estrella guía.

938: Acepta tu valor y tu potencial ilimitado. Recibe la abundancia con gratitud y comparte tus dones libremente.

939: Que vuestros dones espirituales sean instrumentos de luz. Eleva, inspira y sana con el suave toque de la compasión.

940: Cierra el pasado con gracia, aprende sus lecciones y abraza las emocionantes puertas de nuevos comienzos.

941: Supere los desafíos profesionales, suba la escalera del éxito con concentración y resiliencia. Apunta alto y tus logros se dispararán.

942: Nuevas relaciones están comenzando. Genere confianza, comprensión y observe cómo florece el amor en su remanso de armonía.

943: Confía en tu sabiduría interior, ella te guía hacia tu propósito divino. Abrace nuevos comienzos, supere los miedos con acciones decisivas.

944: Los ángeles te susurran aliento, cree en ti mismo y en tu camino. Confía en los susurros intuitivos que guían tu futuro.

945: YTienes el poder de manifestar tus deseos. Enfoca tus pensamientos y acciones en lo que realmente quieres y cree en tu capacidad para hacerlo realidad.

946: Construye un santuario de paz, sirve con el corazón abierto y observa cómo se profundizan las conexiones dentro de tu comunidad.

947:Presta atención a tus sueños, sincronicidades y corazonadas, ya que te guiarán a través de este período de transformación. Confía en tu conexión con lo divino y permite que tu intuición te guíe.

948: Acepta tu valor y tu potencial ilimitado. Recibe la abundancia con gratitud y comparte tus dones libremente.

949: El universoLo insta a profundizar su conexión con su propósito superior y usar sus talentos para servir a los demás. Esto puede traer un inmenso crecimiento y realización personal.

950: Cierra el pasado con gracia, aprende sus lecciones y abraza las emocionantes puertas de nuevos comienzos.

951: Da rienda suelta a tu creatividad, deja que tu voz se encienda y observa cómo crece tu influencia. Nuevos horizontes profesionales te llaman, listos para tu ascenso.

952:Preste atención a sus instintos y a su guía interior al tomar decisiones relacionadas con las finanzas o la carrera.

953: Vence miedos, abraza nuevos comienzos. Tu sabiduría interior te guía, la acción decisiva allana tu camino.

954:Si bien la ambición es importante, no descuides tu bienestar emocional y espiritual. Busque la realización en relaciones significativas, crecimiento personal y servicio a los demás.

955:Mientras acepta el cambio y persigue sus objetivos, recuerde la importancia de una base sólida. Esto podría implicar estabilidad financiera, relaciones sanas o un fuerte sentido de propósito.

956:Este número significa un período de cambios positivos y nuevos comienzos en su vida. Podría estar relacionado con su carrera, finanzas, relaciones o crecimiento personal.

957:Enfoca tus pensamientos y acciones en tus deseos y cree en tu capacidad para hacerlos realidad.

958: Acepta tu valor y tu potencial ilimitado. Recibe la abundancia con gratitud, comparte tus dones libremente.

959:Practica el cuidado personal, la atención plena y actividades que te brinden alegría. Cultivar la resiliencia le ayudará a recuperarse de cualquier desafío que enfrente.

960: Libera el pasado con gracia, aprende sus lecciones. Abrace nuevos comienzos, avance hacia posibilidades emocionantes con el corazón abierto.

961: Enciende tu fuego interior, deja que tu voz resuene con pasión y observa cómo tu influencia se propaga por el mundo. Nuevas alturas profesionales te llaman, listo para tu ambicioso ascenso.

962: La armonía prospera en asociaciones equilibradas. Comuníquese abiertamente, respete las necesidades de los demás y observe cómo florece el amor en un paraíso de comprensión mutua.

963: Habla tu verdad con autenticidad, tus palabras pueden ser herramientas poderosas para sanar, inspirar y compartir sabiduría valiosa.

964: La fe es tu ancla, tu luz guía. Navega hacia tus objetivos con confianza inquebrantable, sabiendo que los ángeles caminan a tu lado.

965: Acepta el cambio, libera las limitaciones. El crecimiento personal te espera a medida que avanzas hacia nuevos comienzos con un corazón valiente.

966: Nutre tu hogar, fortalece los lazos familiares. Encuentra paz y alegría en el santuario del amor y la conexión.

967: Profundiza tu conexión espiritual, explora la vasta sabiduría escondida en tu interior. Busca guía, amplía tu comprensión y deja que ilumine tu camino.

968: serEncuentra el equilibrio entre tus aspiraciones espirituales y tus metas materiales. No descuides tu bienestar espiritual en la búsqueda del éxito.

969: este mensajeLo alienta a establecer metas ambiciosas, tomar medidas inspiradas y confiar en su capacidad para crear la vida que desea.

970: Clausura susurra una suave despedida, llevando las lecciones aprendidas. Liberen el pasado con paz, ya que prepara el terreno fértil para que se desarrollen nuevos comienzos vibrantes.

971: Desata tu fuego creativo, deja que tu voz resuene poderosamente y observa cómo crece tu influencia. Nuevas alturas profesionales te llaman, listas para tu ascenso.

972: Los susurros del alma gemela se acercan. Genere confianza, comprensión y observe cómo florece el amor en su remanso de armonía.

973: Confía en tu sabiduría interior, ella te guía hacia tu propósito divino. Abrace nuevos comienzos, supere los miedos con acciones decisivas.

974: Los ángeles te susurran aliento, cree en ti mismo y en tu camino. Confía en los susurros intuitivos que guían tu futuro.

975:Aprecia las bendiciones en tu vida y comparte tu abundancia con los demás. Esto abre el flujo de energía positiva y atrae aún más cosas buenas a tu vida.

976: Construye un santuario de paz, sirve con el corazón abierto y observa cómo se profundizan las conexiones dentro de tus relaciones.

977:El Universo te está apoyando para lograr tus objetivos, así que no temas proponerte sueños ambiciosos y tomar medidas inspiradas.

978: Acepta tu valor y tu potencial ilimitado. Recibe la abundancia con gratitud y comparte tus dones libremente.

979: Tus guías celestiales alientanque te conectes con tu propósito superior, uses tus talentos para un bien mayor y confíes en tu sabiduría interior.

980: Libera el pasado con gracia, aprende sus lecciones. Abrace nuevos comienzos, avance hacia posibilidades emocionantes con el corazón abierto.

981: Tus talentos únicos brillan como gemas escondidas, esperando ser reveladas. Los ángeles te susurran aliento mientras expresas los dones de tu alma y observas cómo tu espíritu florece bajo el sol del autodescubrimiento.

982: Una sinfonía de pasión suena dentro de ti, una melodía que anhela ser compartida. Los ángeles caminan a tu lado cuando subes al escenario de la vida, enriqueciendo al mundo con tu vibrante actuación.

983: Abre tu corazón, un recipiente rebosante de potencial para sanar. Los ángeles guían tus manos gentiles, conduciéndote hacia caminos donde las heridas encuentran consuelo y las cargas se alivian.

984: Nuevas puertas se abren con chirrido, bañadas por la luz dorada de la posibilidad. Los ángeles te susurran aliento mientras abrazas los dones de tu alma y te adentras en aventuras aún por escribir.

985: La acción decisiva pinta tu lienzo, impulsada por los susurros de los ángeles que te instan a manifestar tus deseos más profundos. Observe cómo sus sueños toman forma vibrante, rozados con los golpes del coraje y la fe.

986: Un tapiz de comprensión se despliega a medida que compartes tus dones con el mundo. Los ángeles iluminan tu camino, revelando intrincados hilos de conexión que te unen a los demás de manera significativa.

987: Deja que los susurros de los ángeles te guíen hacia un cambio positivo y observa cómo tu auténtica floración pinta el mundo de nuevo.

988: Tus metas guiadas por el alma brillan en el horizonte, invitándote a seguir adelante. Los ángeles caminan a tu lado, ofreciéndote apoyo inquebrantable mientras asciendes hacia las cumbres destinadas.

989: Los nuevos comienzos brotan como flores silvestres a raíz de tu luz compartida. Los ángeles guían tu camino, asegurándose de que cada paso que das nutra el terreno fértil para el crecimiento personal.

990: La dulce melodía del amor te rodea mientras abrazas el propósito de tu alma. Los ángeles celebran tu viaje, colmándote de bendiciones y alegría en cada paso del camino.

991: Un suave empujón de los ángeles despierta tu potencial. Aprovecha las nuevas oportunidades con valentía, porque contienen las claves para cumplir el propósito de tu alma.

992: Susurros de amor y apoyo te rodean mientras los ángeles guían tu camino. Confía en su presencia, porque iluminan el camino hacia relaciones armoniosas y conexiones sentidas.

993: Vence el miedo con la fuerza de mil ángeles a tus espaldas. Adéntrate con valentía en territorios desconocidos, sabiendo que la guía divina te permitirá superar cualquier desafío.

994: El universo celebra tu viaje, derramando bendiciones sobre cada paso que das. Acepta su aliento mientras navegas por los giros y vueltas de la vida, confiando en el desarrollo de tu plan divino.

995: Deja que tu creatividad baile a la luz de la luna, guiada por la musa celestial. Los ángeles se regocijan con tu expresión artística, inspirándote a pintar tus sueños en el lienzo de la realidad.

996: Construye un santuario de paz dentro de tu corazón, un refugio donde los ángeles encuentren consuelo. Comparte tu compasión con los demás y observa cómo la curación florece en la calidez de tu bondad.

997: Los ángeles hablan deestabilidad financiera, relaciones de apoyo y un claro sentido de propósito. Una base sólida le proporcionará la fuerza y la estabilidad que necesita para afrontar los cambios que se avecinan.

998: La abundancia fluye hacia ti como un río dorado, guiada por la generosidad de los ángeles. Recibe con gratitud y deja que tus bendiciones se desborden, nutriendo el mundo que te rodea.

999: Los ángeles presagian una época de finales y nuevos comienzos. Abraza el cierre de ciclos con gracia, porque allanan el camino para transformaciones extraordinarias y posibilidades ilimitadas.

Espero que todos tus sueños se hagan realidad. Escuchar tu experiencia hace que valga la pena.

Escanea el código QR para dejar una reseña sobre
Números de Angeles y Numerología Divina

Vista previa del nuevo libro por
Sarah Ripley

La sinfonía de la manifestación: por qué 3, 6 y 9 tienen la llave del universo.

Nikola Tesla, el visionario inventor, pronunció una vez una afirmación críptica pero intrigante: "Si tan sólo conocieras la magnificencia de los números 3, 6 y 9, entonces tendrías la llave del universo". Estos enigmáticos números, entretejidos en el tejido de su práctica de manifestación 3-6-9, han despertado curiosidad y debate durante décadas. Pero ¿qué hay realmente detrás de su significado?

Imagine el número 3 como un puente, arqueándose con gracia entre su conciencia individual y la energía ilimitada del cosmos. En muchas culturas, el tres simboliza la plenitud, la creación y la divina trinidad. Para Tesla, representaba el vínculo directo con la "Fuente", la fuerza universal que gobierna toda la existencia. Al concentrarte en el número 3, te abres a esta reserva cósmica de poder, allanando el camino para la manifestación.

Piensa en el número 6 como una bóveda oculta que desbloquea las profundidades de tu propio potencial. En numerología, el 6 se asocia con el equilibrio, la armonía y la responsabilidad. Para Tesla, significaba el profundo pozo de fuerza escondido dentro de cada individuo. Al repetir el número 6, aprovechas esta reserva interna de resiliencia, coraje y determinación, lo que te permite superar obstáculos y superar limitaciones en tu camino hacia la manifestación.

"Si conocieras la magnificencia de los números 3, 6 y 9, entonces tendrías la llave del universo".

- Nikola Tesla

Imagine el número 9 como un fénix resurgiendo de sus cenizas, representando transformación y renovación. En numerología, el 9 simboliza la realización, la compasión y el abandono. Para Tesla, significó el acto de liberar el equipaje del pasado, incluidas las dudas, la negatividad y las creencias limitantes. Al concentrarse en el número 9, elimina el desorden emocional que impide su progreso, lo que le permite entrar en un nuevo ciclo de posibilidades y allanar el camino para que sus deseos se manifiesten.

El poder del Método 369 no reside sólo en los números individuales, sino también en su armoniosa orquestación. Repetir afirmaciones a lo largo del día crea una resonancia rítmica, sintonizando tu mente con la frecuencia del universo. Es como tocar una melodía cósmica, atrayendo tus deseos a la existencia a través del poder de la intención enfocada y la creencia inquebrantable.

Recuerde, la verdadera clave para desbloquear el universo no radica sólo en comprender los números, sino en encarnar su esencia. Abraza la conexión con la Fuente, aprovecha tu fuerza interior y libera cualquier negatividad que te detenga. Con dedicación y práctica, el Método 369 puede convertirse en una poderosa herramienta para dar forma a tu realidad y manifestar tus deseos más profundos.

Acerca del Autora

Sarah Ripley: Coach certificada, mentora y autora de libros y diarios sobre relaciones, autoayuda, espiritualidad y sanación natural. También es sanadora de Chakras, naturópata y maestra herbolaria.

Su pasión es ayudar a otros a vivir su mejor vida. Cree que todos tenemos el poder de sanarnos y crear la vida que deseamos. Su trabajo se enfoca en conectar a las personas con su sabiduría e intuición, y en desarrollar las herramientas y habilidades para vivir alineados con sus valores y propósito.

Sarah ha viajado por Asia, Sudamérica y Europa estudiando diferentes culturas y creencias espirituales. Amante de la naturaleza, ha realizado extensas caminatas en los Himalayas, Rockies y Andes. Defensora apasionada de la vida natural, disfruta cocinando de forma completamente natural. Pasa su tiempo libre relajándose con su familia y gatos.

Casada durante 28 años, tiene 2 hijos adultos. Actualmente vive en el Sudeste Asiático con su esposo y 4 gatos callejeros adoptados, donde continúa escribiendo, enseñando y asesorando a otros. También está trabajando en un nuevo libro sobre sus experiencias con la sanación natural y la espiritualidad.

Made in United States
Orlando, FL
21 March 2025

59695567R00108